DE
GELUKS
ROUTE

De geluksroute

In 5 stappen naar minder gedoe & meer plezier met de mensen om je heen

Anne de Jong

MAVEN PUBLISHING

www.mavenpublishing.nl
www.degeluksroute.nl

Ontwerp omslag Studio TokTok
Opmaak binnenwerk Studio TokTok
Illustraties Elise Vandeplancke
Foto auteur Dieuwertje van der Stoep
Drukwerk Wilco B.V.

ISBN boek 978 94 9249 3958
ISBN e-boek 978 94 9321 3036
NUR 770

Alle namen zijn omwille van privacy van de betrokkenen veranderd. De personages zijn vaak een combinatie van verschillende mensen.

Inhoud

DE GELUKS ROUTE
UITKIJKPUNT H7
PITSTOP H6
GEDOE
IETS LOOPT
ANDERS DAN JE WILT
GELUKSROUTE
SORRYPAADJE H5
REGIE
REFLEX
ONGELUKSROUTE

Soepel contact zonder frustratie
GELUKSSTAPPEN H8
DWAALSPOOR:
JAKNIKKER H2
SUPERMAN H3
MASKER H4
Verwijdering & frustratie
fight
flight
freeze

Inleiding

Mijn moeder was een kraker. Ik groeide op in woongroepen. Als je als kraker ergens woont is het niet de vraag óf je weer weg moet, maar wannéér je weer weg moet. Elke keer als we net een beetje gesetteld waren en ik mijn draai gevonden had, werd er ontruimd. Daar gingen we. Weer een nieuw huis inrichten en weer aan nieuwe woongroepgenoten wennen. Al heel vroeg in mijn leven nam ik onbewust het besluit: mensen komen en gaan, dus ik moet sterk zijn en alles zelf kunnen oplossen.

Dit besluit had natuurlijk voordelen. Ik ben enorm zelfredzaam en sta te boek als een sterke vrouw. Maar naarmate ik ouder werd, merkte ik tot mijn verbazing steeds vaker dat deze houding juist in mijn nadeel werkte. Iedere keer als ik het moeilijk had, nam ik afstand en loste het in m'n eentje op. Soms ging ik gewoon lekker weg als ik gedoe had met vrienden, in liefdesrelaties, bij collega's. Ik dacht er niet bij na, ik deed het onbewust, als in een reflex. Om hulp vragen zat niet in mijn gereedschapskist.

Ik ging psychologie studeren, las meters vakliteratuur, volgde bijna alle coachopleidingen die er bestaan en gaandeweg werd ik me steeds bewuster van mijn reflexen. Ik realiseerde me dat alles alleen doen en weggaan als het tegenzit automatismen waren geworden die me tegenhielden in mijn verdere ontwikkeling. Mijn reflexen bepaalden wat ik deed, ze bepaalden mijn route. In dit boek noem ik deze route de ongeluksroute. De route waarbij je je overgeeft aan je reflexen, verwijderd raakt van mensen om je heen en uiteindelijk gefrustreerd achterblijft.

Inmiddels zijn mijn reflexen oude bekenden geworden. Ze zijn er nog steeds, maar ik hoef niet te doen wat ze zeggen. Inmiddels weet ik dat ik beter eerlijk kan vertel-

len hoe het met me gaat, dan me terugtrekken en alles alleen opknappen. Sinds ik me er bewust van ben hoe ik mijn gedrag kan sturen beland ik zelden meer in sociaal gedoe. Ik zie de afslag naar de ongeluksroute wel, maar ik neem hem niet meer. Terwijl ik natuurlijk wel van alles meemaak: met onze werknemers, mijn twee pubers, mijn compagnon, vriend, ex-man, buren en vrienden. Ik heb ontdekt dat je altijd en in elke situatie de geluksroute kunt kiezen om er zo voor te zorgen dat een relatie beter wordt. Soms betekent dit meer diepgang, en soms dat je gewoon wat soepeler met elkaar kunt omgaan. Het is de moeite waard om deze route te nemen, want onderzoek laat zien dat het hebben van fijne, waardevolle relaties het enige is wat zorgt dat je je echt gelukkig voelt. Mensen met betekenisvolle relaties zijn gezonder en leven langer.

Ik ben oprichter en eigenaar van NONONS, *een opleidingsinstituut voor coachingsopleidingen. Ik leid al achttien jaar coaches op, schreef drie boeken over coaching en help als psycholoog en coach mensen dagelijks bij het nemen van de regie over hun leven. Coaches én coachees om mij heen waren zo blij met de inzichten en oefeningen, omdat ook in het dagelijks leven hun relaties veel soepeler liepen en meer diepgang kregen. Daarnaast zie ik zoveel mensen elke dag weer de ongeluksroute nemen als er in relaties dingen gebeuren die ze niet leuk vinden. Ik zie ze ruziemaken, oordelen, of zelfs vriendschappen verbreken en scheiden, terwijl dat heel vaak niet nodig is. Daarom wilde ik al jaren dit boek schrijven. Ik wil ook mensen zonder coach of coachopleiding leren om beter te dealen met relatiegedoe en laten profiteren van inzichten en oefeningen uit het mooie coachvak.*

Ik heb me voor dit boek gebaseerd op verschillende methoden uit de coaching en de psychologie. Ik put zowel uit wat ik leerde tijdens mijn eigen opleidingen, als uit de ruim 20.000 coachinggesprekken die ik voerde en mijn persoonlijke levenservaring. Deze ervaringen heb ik vertaald naar voor iedereen herkenbare situaties, met bijbehorende do's-and-don'ts om steeds de juiste stappen te kunnen zetten.
Dit boek gaat over alle soorten relaties. Relaties met echtgenotes/n, aannemers, collega's, exen, ouders, kinderen, (schoon)familie, buren. Mensen die je de moeite waard vindt, maar ook mensen met wie je wel móet samenleven of samenwerken. In elke relatie loopt het weleens anders dan je zou willen of had verwacht. Op het moment dat de ander iets doet wat je niet fijn vindt ben je teleurgesteld, boos of verdrietig. Dit boek gaat over de keuze die je hebt op dat moment. Het moment dat je op de splitsing staat tussen de geluksroute en de ongeluksroute, waarbij de geluksroute leidt tot een betere relatie en minder gedoe, en de ongeluksroute tot verwijdering en frustratie.

Ik hoop je met dit boek te inspireren om vaker de geluksroute te nemen en de ongeluksroute links te laten liggen. Omdat het leven dan een veel mooiere tocht wordt.

1

De geluksroute en de ongeluksroute

Mijn vriend en ik hebben een guilty pleasure. We kijken elke week samen naar *Het Familiediner* – je weet wel, dat programma waarin EO-icoon Bert van Leeuwen met z'n stretchlimousine ruziënde families tot elkaar brengt.

Het is weer familiedineravond en ik heb net een superleuk gesprek gehad met een klant. Ik kan niet wachten tot ik mijn vriend daarover kan vertellen, terwijl we ons op de bank nestelen voor Bert en zijn familiegedoe. Onderweg stap ik even van mijn fiets bij de wijnwinkel, waar ik een flesje van onze lievelingswijn haal. Als ik bij mijn vriend thuis de gang in loop, bots ik nog net niet tegen hem op. Hij heeft zijn jas aan en zijn sleutels in zijn hand. Ik kijk naar de sporttas in zijn andere hand.

'David belde, er is ineens een baan vrijgekomen bij Squash City. Ik blijf niet hangen hoor, ik kom meteen na het squashen weer terug.' Hij geeft me een kus en loopt de deur uit. Oké, doei? Ik blijf verbouwereerd staan. Tien minuten later druk ik net iets te agressief de afstandsbediening in en kijk in m'n eentje naar *Het Familiediner*.

Deze keer gaat het over Jan en Joop, twee broers die jarenlang alles met elkaar deelden: samen klussen in huis, samen barbecueën, samen voetbal kijken en zelfs jaarlijks met de gezinnen naar de camping in de Ardèche. Maar inmiddels zien ze elkaar al tien jaar niet meer. Ze hebben tijdens het opknappen van een schuur ruzie gekregen. Joop vond dat Jan zijn hamer beter op een andere manier kon vasthouden. Jan schold Joop uit, waarop Joop terugschold. Inmiddels wachten beide broers al tien jaar op excuses van de ander. De twee gezinnen deden diverse bemiddelingspogingen en schakelden uiteindelijk dit programma in. Maar zelfs Bert kon de boel niet redden: zijn lijmpoging mislukte.

Mijn vriend komt terug van het squashen, zet zijn sporttas in de hoek en begint enthousiast te vertellen. Hij heeft vet gewonnen, maar kreeg het niet cadeau. Ik heb geen

zin in zijn verhaal over hoe hij een 2-1-achterstand wist om te buigen en uiteindelijk glorieus met 3-2 won. Goh, hoezee. Ik geef hem een hooghartige *silent treatment* en doe alsof ik helemaal opga in de televisie. Daarna sta ik op met de mededeling dat ik nog even moet werken. Mijn silent treatment is in feite een mini-Jan-en-Joop. De uitkomst is namelijk hetzelfde: niemand heeft gekregen wat hij wilde. Jan mist zijn broer Joop en Joop mist zijn broer Jan, omdat ze nog altijd niet met elkaar praten. Ik krijg niet de leuke avond waar ik zin in had. Mijn vriend is zich van geen kwaad bewust, maar zit ineens opgescheept met een nukkige vriendin met een streepmond.

Rewind. Wat gebeurde hier nou eigenlijk? Het begon ermee dat het anders liep dan ik had verwacht. Ik ging er blind van uit dat mijn vriend net zoveel zin zou hebben in onze avond op de bank met Bert en wijn als ik. Toen hij liever ging squashen voelde ik me een beetje afgewezen. Ik wilde hem laten merken dat ik me niet fijn voelde, dus zei ik dat ik nog moest werken. Maar dat is natuurlijk een heel onduidelijke boodschap. Met deze opmerking wijs ik mijn vriend af, maar ik krijg nog steeds niet wat ik wil: aandacht en een fijne avond samen.

In het voorbeeld van Jan en Joop verloopt het eigenlijk net zo. De broers houden van elkaar, maar zitten vast in hun eigen mening en overtuiging. Joop vindt dat Jan zijn excuses moet aanbieden en Jan vindt dat Joop zijn excuses moet aanbieden. Beiden vinden van elkaar dat de ander de eerste stap moeten zetten. Doordat ze daar stug aan vast blijven houden, doet geen van beiden iets en voelen ze zich allebei boos en gefrustreerd.

Vroeger was ik inderdaad gaan werken en zou ik de rest van de avond niks meer tegen mijn vriend hebben gezegd. Hij zoekt het maar uit, moet hij maar niet gaan squashen. Maar ik weet dat ik dan pissig en half afgeleid op mijn

toetsenbord zou zitten te rammen en vervolgens ongelukkig in bed zou liggen. En dat wil ik niet meer. Dit noem ik de ongeluksroute. Gelukkig herken ik dat gedrag nu bij mezelf en kan ik op tijd bijsturen.
Terwijl ik boos wegloop draai ik me ineens om en zeg: 'Wat een onzin, ik hóéf helemaal niet te werken.' Ik wilde een leuke avond samen met hem, en dat wil ik nog steeds. Dus hoewel het anders loopt dan ik hoopte, kies ik voor wat ik in dit boek de geluksroute noem. Ik ga naar hem toe, schenk alsnog dat wijntje in en vertel hem over de leuke afspraak die ik die dag had. Later vertel ik hem ook wat er in mijn hoofd gebeurde toen ik hem met zijn sporttas zag staan terwijl ik me zo verheugd had op de avond. We lachen er samen om. De geluksroute redt onze avond.

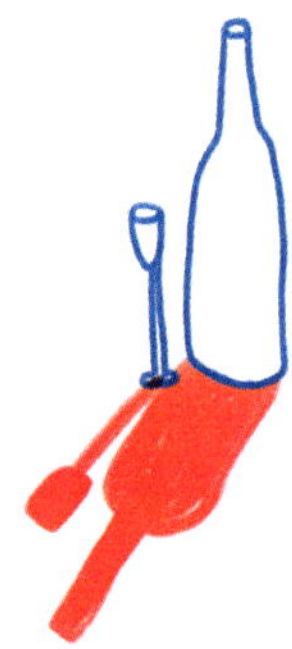

Om beter te leren omgaan met sociaal gedoe, bekijken we in dit hoofdstuk hoe gedoe ontstaat en wat de gevolgen ervan zijn. Het doel is om de aanleidingen voor sociaal gedoe te leren herkennen en die in het ideale geval te vermijden. Maar als vermijden niet lukt en je toch een keer tegen sociaal gedoe aanloopt, is het al mooi dat je het herkent. Daardoor is het makkelijker om er weer uit te komen.
Sociaal gedoe ontstaat als iets anders loopt dan je had verwacht of anders loopt dan in jouw ogen gepast of normaal is. Je hebt een oordeel over de situatie omdat je die vergelijkt met het ideale plaatje dat jij in je hoofd hebt. Soms

ontstaat sociaal gedoe doordat een situatie je doet denken aan iets vervelends dat je in het verleden is overkomen; dan vergelijk je de situatie met het verleden en krijg je een rotgevoel. Vaak zijn het dus niet de omstandigheden die gedoe veroorzaken maar het feit dat je de huidige situatie vergelijkt met de situatie in je hoofd.
Dit zorgt ervoor dat je je ongemakkelijk of boos voelt. Als mensen zeggen dat ze niet boos zijn, maar 'verbaasd' of 'verrast', zijn ze vaak wel degelijk geïrriteerd of boos. 'Verbazing' uiten is dan niets anders dan een keurig verpakte vorm van pissig-zijn.

Stel je eens de volgende situaties voor:

- Je leidinggevende geeft je niet het compliment waarop je had gerekend terwijl je zo hard je best hebt gedaan.
- Je beste vriendin luistert nauwelijks naar je verhaal en begint direct over haar eigen werk.
- Je vriend heeft niet gekookt, terwijl jij na een drukke werkdag had verwacht thuis te komen in een naar heerlijk eten geurend huis.
- Je moeder is keer op keer teleurgesteld dat ze te weinig van je hoort terwijl je 2x per week belt.
- Je aannemer zou deze week je badkamer afmaken, maar laat wederom niets van zich horen.

In principe hoeven dit soort situaties geen groot probleem te zijn. Veel van dit soort gevallen, misschien wel tientallen per dag, leg je naast je neer. Maar soms lukt dat niet. Dat kan met van alles te maken hebben: met je eigen gevoeligheid, normen, je bui, maar ook met het soort relatie. Je krijgt dan een rotgevoel en je reflexen nemen het over. Als je blijft luisteren naar je reflexen begin je al snel aan de ongeluksroute. Die leidt uiteindelijk altijd tot verwijdering. Maar je kunt ook de richtingaanwijzer naar een andere route volgen, naar de geluksroute, en die leidt juist tot minder frustratie en soepel contact.

De ongeluksroute

Wanneer een situatie niet overeenkomt met het beeld dat jij in je hoofd had, en het reflexdeel van je brein neemt het over, dan beland je — als je niet ingrijpt — op de ongeluksroute. Omdat je je hele leven al hetzelfde hebt gereageerd is dit patroon in je hersenen een soort olifantenpad geworden. Het reflexdeel van het brein is dan ook dé grote boosdoener bij sociaal gedoe.

Dit neemt niet weg dat het een essentieel onderdeel is van het brein, dit deel was zelfs lange tijd noodzakelijk om te overleven. In de prehistorie was de overlevingskans laag, en sociaal gedoe was wel het laatste waar men tijd voor had. Het reflexbrein waarschuwde voor vijanden als leeuwen, slangen, sneeuwstormen, moerassen, giftige besjes en naburige vijandelijke stammen. Het reflexdeel draaide overuren. Je moest op tijd kunnen vluchten (flight), het gevecht aangaan (fight), of soms doodstil zitten (freeze) om al die gevaren te trotseren. Het reflexdeel stond daarom altijd aan.

Tegenwoordig is dat niet meer nodig — we zijn immers niet meer constant in levensgevaar. Toch reageert het reflexdeel nog altijd met een van die drie basisreacties op gevaar. Alleen is gevaar niet langer een hongerige beer, maar (indirect) te weinig likes op een Instagrampost, collega's die iets totaal anders willen dan jij, je zoon die niet achter zijn PlayStation vandaan te krijgen is, iemand die commentaar heeft op jouw manier van timmeren of je vriend die gaat squashen terwijl jij met hem tv wilde kijken. Kortom: als jij je rot voelt, dan ziet het reflexbrein gevaar en reageert daarop met een moderne versie van flight, fight of freeze.

ONGELUKSROUTE
GELUKSROUTE

REFLEXEN

Fight

Als je je aangevallen voelt, 'vecht' je terug. Dat kan letterlijk betekenen dat je de ander een mep verkoopt of uitscheldt (denk bijvoorbeeld aan die eikel die jou afsnijdt in het verkeer). Maar er zijn ook subtielere manieren van vechten. Bijvoorbeeld cynisch reageren, de ander de schuld geven of hem passief-agressief negeren, verwijten maken, snauwen, roddelen, feedback weerleggen, schelden, iemand dwarszitten, onderuithalen, bedenken wanneer en hoe je wraak kunt nemen, klagen tegen anderen – de lijst is eindeloos.

Als Pieter binnenkomt in een huis vol troep wordt hij steevast boos. Hij kan niet tegen de onrust die hem dat geeft en háát het dat niemand begrijpt hoe belangrijk een opgeruimd huis voor hem is. Hij voelt zich niet gezien en baalt als een stekker. Hij moppert en scheldt op zijn kinderen en gromt: 'Ja hoor, tuurlijk, ik ruim jullie rommel wel weer op.' Dit verpest de sfeer en zorgt er bovendien niet voor dat de kinderen de volgende keer wél zullen opruimen.

Flight

Flight betekende eeuwen geleden letterlijk: op de vlucht slaan om te overleven. Dat is in onze westerse maatschappij in de eenentwintigste eeuw nagenoeg niet meer nodig. Figuurlijk vluchten we echter nog steeds, bijvoorbeeld door gesprekken uit de weg te gaan, grenzen niet aan te geven, anderen tegen beter weten in te gaan redden, weg te lopen bij lastige situaties, je ware ik niet te laten zien of door de relatie uit te maken zodra er ook maar een béétje gedoe ontstaat. Maar je kunt ook vluchten door smoesjes te verzinnen, snel over iets anders te beginnen, doen alsof je iets niet snapt, zeggen dat je er niets van wist, ergens stug mee doorgaan terwijl je weet dat het niet werkt, je terugtrekken, te veel eten, netflixen, online shoppen, overwerken, vreemdgaan, alcohol drinken, drugs gebruiken, opgeven, onverschillig of gevoelloos doen, om maar een paar vluchtwegen te noemen.

Pien hoorde als kind er niet echt bij. Ze trok zich daarom terug en ging in haar eentje spelen. Een tijdje terug werd ze (per ongeluk) niet uitgenodigd voor een feest en deed ze precies hetzelfde als dat dertienjarige meisje. Ze trok zich terug en ging bingewatchen. Ze schoot in haar oude gedrag, omdat ze zich afgewezen voelde.

Freeze

In de oertijd betekende verstijven ook letterlijk een verstijving, zodat je niet opviel en het roofdier je niet zag en verder liep. Dat is tegenwoordig niet meer nodig, maar dat freezen doen we nog wel, bijvoorbeeld als je met je mond vol tanden staat. Of als je als aan de grond genageld staat en later denkt: waarom deed ik nou niks? Maar verstijven kan ook minder letterlijk zijn, bijvoorbeeld je blauwe enveloppen ongeopend in een la laten liggen, iemand niet vragen om de aandacht die je nodig hebt, geen nee zeggen tegen nieuw werk en keihard doorwerken terwijl je eigenlijk aan vakantie toe bent, dingen blijven aanschaffen met je creditcard terwijl je al in de schulden zit, anderen pleasen en daardoor niet goed voor jezelf zorgen. Dit zijn allemaal manieren om te bevriezen.

Eline praat met haar zus Sofie over hun moeder. Eline vindt dat Sofie wat vaker langs zou moeten gaan en Sofie roept stellig dat ze echt geen zin heeft om elk vrij weekend in die ongezellige flat te zitten. Eline is perplex. Hoe kan haar zus zoiets nou zeggen? Ze is te verbouwereerd om erop te reageren.

De verschillende reacties zijn niet altijd goed van elkaar te onderscheiden en soms gaan ze in elkaar over. Flight en freeze lijken bijvoorbeeld vaak op elkaar. Het verschil is dat je bij flight de situatie actief ontwijkt en je kop in het zand steekt, en je bij freeze niets onderneemt en stug door blijft gaan terwijl je beter weet. Vaak wordt freeze opgevolgd door flight of fight. Heb je weleens gehad dat iemand heel vervelend tegen je deed en dat je niets terug hebt gezegd? En dat je later de meest gevatte en snedige reacties bedenkt die je had kunnen geven? In dit geval volgt je fightreactie (te laat) op je freezereactie. Hoe prettig het ook kan zijn om (tijdig) een gevatte reactie te bedenken omdat het het rotgevoel even verdooft, op de lange termijn levert het niets op.
Maar hoe kan het dat we die reflexen hebben terwijl we heus wel weten dat ze niet zinvol zijn? Dat komt doordat er in het reflexdeel van ons brein een emotionele database zit, die gevuld is met hardnekkige, zelfbedachte overtuigingen, vooroordelen en denkfouten. Als vanzelf reageer je met de reactie die je kent. Als jij geleerd hebt dat confrontaties bedreigend zijn, zul je automatisch moeilijke gesprekken vermijden. Als je hebt geleerd om van je af te bijten op het moment dat je gekwetst wordt, dan zal dat je eerste reactie zijn. Je brein kiest namelijk automatisch de makkelijkste weg. Het brein baseert zich dus op oude ideeën en geeft dus een oude reactie. Wanneer je moe bent, gedronken hebt of veel stress ervaart, neemt je reflexdeel het nog sneller over, omdat je weerstand lager is. Dat verklaart meteen waarom er veel eerder conflicten ontstaan op stapavondjes of als er een deadline nadert op het werk.

HET NUT VAN REFLEXEN

Reflexen zorgen er dus voor dat je snel kunt reageren. Ze helpen je om je te wapenen tegen gevaar. Ze zijn dus ook best nuttig. Nooit meer reflexmatig reageren is simpelweg onmogelijk. Je kunt niet van jezelf verwachten: vanaf nu word ik nooit meer boos, loop ik nooit meer weg of sta ik nooit meer met mijn mond vol tanden. Je bent een mens. Belangrijk is dat je zíet dat in sommige situaties je reflexen het overnemen. En als je dit doorhebt, kun je te allen tijden kiezen voor de geluksroute.

Dwaalsporen

DON'T GO THERE!

Op de geluksroute kun je ook gevaarlijke dwaalsporen tegenkomen, *don't go there!* Het zijn sporen waarvan je denkt dat je op de geluksroute zit, maar als je niet op tijd omdraait 'dwaal' je uiteindelijk naar de ongeluksroute. Er zijn drie bekende dwaalsporen.

Het **ja-knikspoor** is het dwaalspoor waarbij de jaknikker op alles ja zegt en zijn grenzen niet voldoende aangeeft. In eerste instantie lijkt veel ja zeggen geen probleem. Maar op een gegeven moment gaat die grenzeloosheid te ver en eindigt dit spoor op de ongeluksroute. HOOFDSTUK 2

Op het **supermanspoor** worden de problemen van anderen opgelost, vaak ongevraagd. Als die vervolgens onvoldoende verantwoordelijkheid nemen, wordt het de superman te veel. HOOFDSTUK 3

Het laatste dwaalspoor is het **maskerspoor**: kwetsbaarheid, ware gevoelens en behoeften verstopt onder een masker. Anderen zien alleen het masker dat je opzet, HOOFDSTUK 4 waardoor ze niet kunnen reageren op het gevoel en de behoeften onder het masker. Hierdoor ontstaat veel onbegrip. En hopla, ook deze weg komt uit op de ongeluksroute.

Misschien herken je het: dat je soms op een of meerdere van die dwaalsporen terechtkomt.

De geluksroute

Als een situatie anders loopt dan je wilde of hoopte, kun je ervoor kiezen om niet te luisteren naar je reflexen en de afslag naar de geluksroute te nemen. Nadat ik heb uitgelegd hoe je met die reflexen om kunt gaan en dwaalsporen kunt vermijden, ga ik vanaf hoofdstuk 7 uitgebreid in op de geluksroute; maar ik geef je hier alvast de basics. Om de geluksroute te kiezen moet je een ander gedeelte van je brein inzetten: het regiedeel. Dit is een intelligent denksysteem dat ervoor zorgt dat je je kunt beheersen en dat je niet luistert naar alle impulsen die binnenkomen. Met andere woorden: het regiedeel kan het reflexdeel controleren. Door het regiedeel in te zetten kun je de consequenties op de lange termijn overzien, kun je plannen en sta je open voor nieuwe ideeën en oplossingen. Dit deel van je brein zorgt er dus voor dat je niet meteen je leidinggevende uitscheldt als je collega die geweldige promotie krijgt waar jij op had gehoopt, dat je tot tien telt als die hork van een ex van je weer eens inflexibel reageert en dat je niet met iedereen die je ook maar een klein beetje aantrekkelijk vindt het bed in duikt.

Het lijkt natuurlijk makkelijk praten... want hoe kies je de geluksroute in de praktijk? De geluksroute en de ongeluksroute beginnen op hetzelfde punt: iets loopt anders dan je verwachtte en je voelt je rot.

GEEN REFLEX, MAAR REGIE

Het regiedeel van Pieters brein kan ervoor zorgen dat Pieter niet gaat schelden maar diep ademhaalt, tot drie telt en beseft dat niemand opzettelijk troep maakt, maar dat spelende kinderen nou eenmaal rotzooi achterlaten. Hij besluit muziek op te zetten en er een vrolijke opruimwedstrijd van te maken. Later, tijdens het eten, bespreekt hij dit met zijn gezin en verzinnen ze oplossingen.

Pien kan als ze haar regiedeel inzet afstand nemen en rationeel kijken naar wat ze voelt als ze niet uitgenodigd lijkt te zijn voor het feestje. Dan ziet ze dat ze zich buitengesloten voelt en kan ze onderzoeken waar dat vandaan komt, bijvoorbeeld door er met anderen over te praten. Op die manier komt ze erachter dat de uitnodiging in haar spambox is beland. Dit had ze nooit geweten als ze zich was blijven terugtrekken.

Wanneer Eline haar regiedeel gebruikt kan ze open kaart spelen met haar zus. Zodra ze eerlijk zegt dat ze het zwaar vindt om elke week naar hun moeder te gaan, bekent Sofie op haar beurt dat zij het heftig vindt om hun moeder zo kwetsbaar te zien. Eline voelt hetzelfde, maar door haar schuldgevoel en plichtsbesef gaat ze toch steeds. Sofie oppert dat hun moeder ook best eens een weekend zonder bezoek kan. Ze besluiten dat Eline niet meer wekelijks gaat, dat Sofie iets vaker gaat en dat ze soms samen gaan.

Bepaal je bestemming

Voordat je de stappen gaat zetten op de geluksroute is het essentieel om je gewenste bestemming te bepalen. Waar wil je met deze persoon uitkomen, als je naar het grote plaatje kijkt? Wat is het belangrijkst in je relatie met die persoon? Wat wil je in ieder geval voorkomen als je samen gedoe krijgt? Dit verschilt per persoon en per relatie. Bestemmingen kunnen van alles zijn: intieme liefde, een conflictloos huishouden, een diepe vriendschap, een duurzame relatie, een soepele omgang met de juf van school, een effectieve samenwerking met een collega, een goede band met je broer.

De vraag die je jezelf eigenlijk eerst moet stellen is: wat vind ik nou van wezenlijk belang voor mijn relatie met die bepaalde persoon? Als je die bestemming voor ogen houdt, is dat je kompas terug naar de geluksroute waar je elke keer weer op kunt varen.

HOOFDSTUK 6

Pitstop: stoppen met vechten tegen de werkelijkheid

Als je weet wat je bestemming is, is de eerste stap op de geluksroute om te stoppen met vechten tegen de werkelijkheid. In plaats van de situatie te vergelijken met het verleden of met het ideale plaatje in jouw hoofd kijk je alleen naar de feiten. De feiten zijn bijvoorbeeld dat je geen compliment hebt gekregen, dat iemand een afspraak afzegt of dat niet jij maar je collega salarisverhoging krijgt.

Je focust je op het nu en stopt met vechten tegen de werkelijkheid. Die werkelijkheid hoef je niet leuk of goed te vinden, negatieve emoties mogen er zeker zijn, maar je protesteert dus niet meer en accepteert dat je met een manager werkt die geen complimenten geeft, dat je vriend een afspraak afzegt omdat hij het ontzettend druk heeft of dat je collega nu eenmaal eerder op de lijst stond om salarisverhoging te krijgen. De werkelijkheid is wat ze is, c'est la vie.

Uitkijkpunt: hoe-kan-dit?

HOOFDSTUK 7

Vervolgens is het belangrijk om te onderzoeken door wie dit 'gedoe' ontstaan is. Je gaat kijken: hoe-kan-dit? Je neemt rust om de ontstane situatie te ontrafelen. Die pauze op het uitkijkpunt maakt je als het goed is al wat rustiger omdat hij je verplicht om van een afstandje naar de situatie te kijken. Hiermee zet je automatisch je regiedeel aan. Nu je weet hoe-kan-dit is het makkelijker om te kiezen voor een effectieve geluksstap.

Geluksstappen

HOOFDSTUK 8

Als een situatie anders loopt dan je wilt, heb je drie opties: veranderen, accepteren of weggaan. Dit boek gaat over contact met mensen die je de moeite waard vindt maar ook over mensen met wie je wel móet samenleven of samenwerken, dus bij wie weggaan geen (of de allerlaatste) optie is. Dan blijven er dus twee opties over: veranderen of accepteren. In dit hoofdstuk krijg je handvatten bij beide opties.

Het sorrypaadje

HOOFDSTUK 5

Je kunt niet voorkomen dat je af en toe beheerst wordt door je reflexen en op de ongeluksroute belandt. Gelukkig kun je er altijd voor kiezen om weer terug naar de geluksroute te gaan. Dat kan meteen nadat je reflexmatig hebt gereageerd, maar ook als je al een tijdje onderweg bent.
Dat switchen van route is mogelijk door het sorrypaadje. Dat betekent dat je je bij de ander verontschuldigt voor je reflexgedrag en dat je ook de excuses van de ander accepteert. Dat is makkelijk gezegd, want sorry zeggen en ook sorry accepteren is supermoeilijk. Er is moed voor nodig omdat je over je eigen schaduw heen moet stappen.

Het resultaat van de geluksroute

Het leven is te kort om telkens weer in gedoe te belanden. De geluksroute zorgt ervoor dat je minder vaak boos bent, een blijer mens wordt en meer blije mensen om je heen hebt. Het is de route naar een supersociaal leven zonder gedoe zodat jij je kunt richten op wat echt belangrijk is.

Ik raad je aan het hele boek te lezen en de oefeningen te doen. Sommige mensen houden hun boeken het liefst maagdelijk schoon, vouwen geen ezelsoren en peinzen er niet over om in een boek te kliederen. Maar dit boek werkt het best als je erin schrijft. Zet in de kantlijn voorbeelden van situaties die je zelf hebt meegemaakt of van mensen die je kent. Je zult zien dat het onderwerp op die manier veel meer gaat leven. Op www.degeluksroute.nl zijn bijbehorende formulieren te downloaden.

De eerste stap naar verbetering is inzicht krijgen in wat er gebeurt wanneer je reflexmatig reageert op gedoe. Dit inzicht krijg je door de twee routes helder voor ogen te houden. In het begin zul je vaak achteraf reflecteren. Gaandeweg zul je dit echter steeds eerder doen, en zal het je uiteindelijk lukken om je gedrag op het moment suprême te herkennen, waardoor snellere verandering mogelijk wordt.

Als je merkt dat je gedrag hardnekkig is en lastig te veranderen, dan kun je het nieuwe gedrag oefenen (en oefenen en oefenen) met de geluksroutetraining. Je kunt natuurlijk ook hulp zoeken in de vorm van training of coaching, zie: www.degeluksroute.nl.

Overigens is het een utopie om te denken dat je na het lezen van dit boek helemaal nóóit meer de ongeluksroute zult nemen — dat doe ik ook nog weleens — maar het lukt je zeker sneller én vaker om eruit te blijven en een gelukskeuze te maken!

Zegels sparen: van kleine ergernis naar escalatie

Ken je dat? Dat je je groen en geel ergert aan iemand, en dan pas bedenkt dat je diegene of zijn gedrag eigenlijk al een tijdje irritant vindt? Je zus die je steevast onderbreekt met haar eigen verhaal, je moeder die altijd klaagt dat je zo weinig langskomt of die collega die jij steeds helpt maar die nooit tijd heeft voor jou. Dan heb je waarschijnlijk zegels gespaard.

Zegels sparen is het verzamelen van kleine ergernissen en teleurstellingen. Je vindt iets maar spreekt het niet uit, lost het niet op maar het laat je ook niet los. Dit niets-zeggen-maar-wel-iets-vinden zorgt ervoor dat je telkens een denkbeeldig zegeltje in je zegelboekje plakt. En het ingewikkelde is dat je dat vaak onbewust doet, alleen raakt je zegelboekje wel vol. Op een gegeven moment is genoeg genoeg, passen er geen zegels meer bij en wissel je je zegelboekje in. Niet fysiek bij de supermarkt voor een messenset, musicalkaartjes of korting op een dagje Efteling. Dit zegelboekje wissel je in je hoofd in en dan nemen je reflexen (fight, flight, freeze of een combinatie van die drie) de regie over je gedrag over en beland je dus op de ongeluksroute.

Joop zei tegen Jan dat hij zijn hamer beter op een andere manier kon vasthouden. Je zou denken: het is maar een goedbedoelde tip van een oudere broer. Toch ontplofte Jan en schold Joop vervolgens uit. En Joop werd op zijn beurt woedend: 'Doe normaal, lul, zo erg was het toch niet?' Een opmerking over een hamer kan toch nooit al dit leed veroorzaakt hebben? Maar wel als het opgestapeld is. Het was bijvoorbeeld niet de eerste keer dat Joop commentaar had op de manier waarop Jan klust. Jan heeft het idee dat Joop het altijd beter weet en hem altijd op zijn vingers zit te kijken. Hij heeft er alleen nooit iets van gezegd. Ondertussen stoort Jan zich mateloos aan Joops opmerkingen en plakt hij zijn zegelboekje aardig vol.

En Eline, die vindt dat haar zus Sofie ook wat meer verantwoordelijkheid voor hun moeder moet nemen, baalt iedere keer dat zij boodschappen aan het doen is, staat te koken en kruiswoordpuzzels maakt met haar moeder. Als Sofie enthousiast vertelt over het weekendje Parijs met haar vriend of de leuke buurtborrel, denkt Eline alleen maar: Lekker dan. Dus dáár heb je wel tijd voor, maar voor je moeder: ho maar. Ze probeert die ergernis weg te duwen, maar dat wordt hoe langer hoe moeilijker. En ze plakt zegel na zegel.

In dit boek beschrijf ik drie bekende zegelspaarders: de jaknikker, de superman en het masker. Kenmerken van deze zegelspaarders zijn dat ze in het begin vaak denken op de geluksroute te zitten, maar dat het uiteindelijk een dwaalspoor blijkt te zijn. Ze doen en laten veel voor anderen, waardoor het contact en de samenwerking in het begin vaak heel soepel lopen. Maar ze sparen allemaal zegels.

De jaknikker omdat hij altijd ja zegt, zijn grenzen niet aangeeft en daardoor niet doet wat hij zelf belangrijk vindt, de superman omdat hij uiteindelijk moe wordt van het redden van anderen en het masker omdat hij zijn ware ik niet laat zien waardoor mensen op het maskergedrag reageren maar niet op degene die iets nodig heeft.

Het zegels sparen ligt dus overal op de route op de loer; in de volgende drie hoofdstukken beschrijf ik hoe je het kunt voorkomen, hoe je op de geluksroute blijft en niet op het dwaalspoor belandt. Of hoe je, als je toch op het dwaalspoor zit, om kunt draaien, zodat je niet eindigt op de ongeluksroute.

Reflectie

Denk eens aan de afgelopen twee weken en stel jezelf de volgende vragen:

Bij wie heb ik zegeltjes geplakt?

Heb je een zegelboekje dat bijna vol raakt? Dus een ergernis die toeneemt?

Denk je dat iemand anders misschien bij jou zegeltjes aan het sparen is?

Ik kan er heel kort over zijn:

zegels sparen is gevaarlijk!

Het is vragen om problemen. Het is natuurlijk prima als je af en toe iets door de vingers ziet, dat is zelfs heel handig in relaties. Maar het moet geen opstapeling worden. Zorg dus dat je jezelf kent: waar erger je je aan, welk gedrag vind je eigenlijk niet oké, wie gaat over je grenzen? Als je zorgt dat je geen zegels spaart, maar snel ingrijpt, voorkom je ellende. Want door eerlijk te blijven tegenover jezelf en anderen blijf je op de geluksroute.

2

Het dwaalspoor van de jaknikker

Zie je die venijnige paadjes lopen tussen de geluksroute en de ongeluksroute? Het lijkt alsof je lekker op de geluksroute wandelt, maar via een dwaalspoor kom je uit op de ongeluksroute.

In dit hoofdstuk ga ik dieper in op het dwaalspoor van de jaknikker. De jaknikker lijkt op de geluksroute te zitten, omdat het lekker is om op alles ja te zeggen, veel voor anderen te doen en niet te zeuren. Toch blijkt dit later een dwaalspoor te zijn, dat uitkomt op de ongeluksroute. Want altijd ja zeggen en geen grenzen aangeven keert zich uiteindelijk tegen je. Typerend voor de jaknikker is dat hij veel goed en leuk vindt en daarmee zijn grenzen niet, onvoldoende duidelijk of te laat aangeeft. De jaknikker is vaak een makkelijk en geliefd persoon, bij wie veel kan en die veel doet voor anderen. Hij houdt rekening met anderen en is voor alles in. Vaak houdt hij van drukte en hopt van het ene etentje naar het volgende geweldige concert. Hij houdt daarbij alleen te weinig rekening met zichzelf. Hij bewaakt zijn grenzen niet goed.
En elke keer dat hij over zijn grenzen gaat of laat gaan, plakt hij een zegeltje. Het zegelboekje raakt een keer vol en dan is de jaknikker helemaal niet meer zo aardig. Hij kan ineens bot uit de hoek komen of in het ergste geval plotseling vertrekken, omdat zijn gedrag wordt bepaald door zijn reflexen. Of hij krijgt last van stressklachten. Als je een relatie hebt met een jaknikker, en hij het plotseling uitmaakt of vertrekt, kan het zomaar zijn dat je niet eens doorhad dat hij over zijn grenzen ging, of dat jij dat deed. Je blijft verbaasd achter.

Ken je zo'n persoon, die op veel ja zegt en bijna nooit zijn grenzen aangeeft?

Herken jij jezelf in de jaknikker? Geen paniek, in dit hoofdstuk help ik je daar iets aan te doen.

Herken jij jezelf in de jaknikker?

- ☐ Zeg jij makkelijk ja op verzoeken?
- ☐ Vind je het lastig om nee te zeggen en je grenzen aan te geven?
- ☐ Ben je soms bang dat anderen jou een zeurkous vinden als je je grenzen aangeeft?
- ☐ Weet je niet goed waar jouw grenzen liggen, of kom je er soms pas achter als het je te veel is geworden?
- ☐ Heb jij weleens last van de welbekende druppel die ervoor zorgt dat je ineens heel boos of verdrietig wordt?
- ☐ Communiceer je af en toe te voorzichtig of juist te heftig bij het aangeven van je grenzen?
- ☐ Merk je dat je weleens roddelt over anderen?
- ☐ Vind jij heel veel leuk of belangrijk, waardoor je te veel doet op een dag?

Vraag je omgeving hoe ze vinden dat jij je grenzen aangeeft. Doe je dat in hun ogen

- ☐ *veel*
- ☐ *weinig*

Als je veel vakjes hebt aangekruist, is de kans groot dat je een jaknikker bent en soms op dit dwaalspoor belandt.

De keerzijde van ja zeggen

Anouk was de allereerste trainer die mijn compagnon en ik ooit aannamen. Tot die tijd hadden we alle trainingen en coachingsgesprekken zelf gedaan. Maar we groeiden uit onze voegen en dus hadden we extra handen nodig. We betaalden onszelf een minimaal salaris en vonden het behoorlijk spannend om iemand aan te nemen. We dachten dat we een Messi aan ons team hadden toegevoegd – man, dit zou geweldig worden! En in het begin gíng alles ook goed. Anouk had er zin in, stroopte haar mouwen op en wij zagen het helemaal zitten. Maar... een paar weken na haar proeftijd begon het gedoe. Ze wilde vóór de file naar huis en ze kwam natuurlijk niet voor één lullig coachingsgesprek helemaal naar Amsterdam gereden. En met 'van die Zuidastypes' had ze helemaal niets, dus of wij die zelf konden coachen. O, en nu we het er toch over hadden, konden we ook even iets op papier zetten over het uitbetalen van overuren?

Lang verhaal kort: op mijn vrije middag fietste ik naar de Zuidas om zelf die ene klant te coachen. We belden braaf onze accountant om te vragen hoe het ook weer zat met overuren. En dat van die file konden we ook wel een beetje begrijpen. Niemand houdt immers van stapvoets rijden. Binnen enkele weken veranderde onze Messi in iemand die het grootste deel van haar tijd op de reservebank zat. En het erge was: we hadden dit zelf laten gebeuren. We vonden alles goed en hadden op geen enkel moment onze grenzen aangegeven. Toen ze vlak voor ze stopte ook nog vakantiedagen uitbetaald wilde hebben knapte er iets bij ons: onze zegelboekjes waren vol en we ontploften.

Ja zeggen op verzoeken voelt goed. Het voelt goed om even wat voor een ander te doen. Even de planten van de buren water geven, een bardienst overnemen van een andere voetbalouder of de bob zijn tijdens een etentje. Op verzoek een paar uurtjes komen sjouwen bij de vriend die verhuist of je wekelijkse stapavond met de meiden skippen omdat je vriend zich niet lekker voelt en hij je vraagt bij hem te blijven. Of je helpt die ene collega uit de brand en maakt zijn klus voor hem af, omdat hij lijkt te verzuipen in het werk. Kleine moeite, groot plezier. Toch? Je kunt ook ja zeggen tegen alle léúke dingen die op je pad komen. Een etentje met vrienden, een goed theaterstuk, een feest van je dochters hockey en een lunch met je oude lievelingscollega. Alles is leuk, en voor je het weet wordt je agenda voller en voller en is er helemaal geen tijd meer voor ontspanning en spontaniteit.

De keerzijde van altijd ja zeggen is dat de jaknikker vaak structureel zijn eigen grenzen negeert.

In welk geval geef jij je grenzen niet voldoende aan? Wie gaat er regelmatig over jouw grenzen?

Het kan dan ineens genoeg zijn, het zegelboekje zit vol. Je hebt te veel voor anderen gedaan en te veel van jezelf gevergd. Als je vaak over je eigen grenzen gaat, zal je op de langere termijn daar ook in je relatie een prijs voor betalen. Als jouw vriend in twee jaar vier keer van huis wisselt en jij je voor de zoveelste keer een hernia sjouwt aan zijn antieke boekenkasten, om maar wat te noemen. Of als jij altijd de bob bent of alle logeerpartijtjes bij jou zijn. Het kan ook zijn dat je leven zijn spontaniteit heeft verloren omdat je van de ene afspraak naar de andere rent, waardoor je lijf soms gewoon STOP zegt.

Het zegelboekje is vol

De jaknikker heeft verschillende manieren van reageren als zijn zegelboekje vol is. Hij kan ontploffen, stil afscheid nemen (de vriendschap verbreken zonder iets te zeggen), cynisch worden, roddelen of combinaties hiervan. Omdat hij maar doorrent en niet voor zichzelf zorgt kan de jaknikker ook last krijgen van stressklachten.

Ontploffen

EFFECT OP DE ANDER: DIE SCHRIKT ZICH ROT OF WORDT OOK BOOS.

Op een dag gebeurt er iets waar de jaknikker he-le-maal klaar mee is. Hij geeft de ander de volle laag. Die krijgt niet alleen de frustratie van de laatste ergernis over zich heen, maar ook nog eens alle oude ergernissen. De frustratie van alle keren dat de jaknikker over zijn grenzen ging. Die ander kent die ergernissen niet eens, want daar is nog nooit over gesproken. Dit recente voorval is de bekende druppel die de emmer doet overlopen. Als de vriend van de vriendin die haar stapavond voor hem skipte aan haar vraagt of zij boodschappen wil doen omdat hij daar geen zin in heeft, gaat ze helemaal uit haar plaat en schreeuwt tegen hem dat NIET ALLES OM HEM DRAAIT. Elke keer dat ze iets voor hem deed (afspraken afzeggen, zijn smerige zakdoeken van de grond rapen en lief naar zijn gezeur luisteren), heeft ze een zegeltje geplakt. Nu hij haar ook nog vraagt om boodschappen te doen is haar boekje vol.

Stil afscheid

Elke keer dat de jaknikker over zijn grenzen gaat of dat iemand anders over zijn grenzen gaat, stapelt de ergernis zich op. Je baalt bijvoorbeeld dat de ander minder teruggeeft dan jij verwacht. Of je baalt dat de ander wel nee zegt. Maar omdat je zegelboekje in jóuw hoofd zit, heeft de ander geen flauw idee dat jij je zo voelt, en dat terwijl er bij jou bij elk geplakt zegeltje een stukje gevoel verdwijnt. Totdat er geen gevoel meer over is en het je koud laat. Zoek het uit. En dat is het moment dat je stopt met de vriendschap, de relatie of collegialiteit. Dit zijn de huwelijken waarbij iemand ogenschijnlijk vanuit het niets ineens wil scheiden, de vriendschappen die eenzijdig worden opgezegd en de situaties waarin een collega totaal onverwacht ontslag neemt.

EFFECT OP DE ANDER: DIE SNAPT ER NIETS VAN, IS TELEURGESTELD EN VAAK BOOS.

Cynisme

Een jaknikker met een vol boekje kan ook flauwe, cynische, semigrappige of passief-agressieve opmerkingen maken. Hij zegt het wel, maar benoemt niet man en paard. Hij denkt dat hij hiermee zijn grenzen aangeeft, maar hij is niet duidelijk over wat hem dwarszit en wat hij zou willen. Het zijn van die opmerkingen waarbij de ander wel voelt dat er iets mis is, maar niet precies weet waar het over gaat en wat hij ermee moet.

EFFECT OP DE ANDER: DE ANDER WEET NIET PRECIES WAT JE BEDOELT, ERGERT ZICH ALLEEN MAAR EN VOELT ZICH MEESTAL NIET GEROEPEN OM TE VERANDEREN.

Voorbeelden van passief-agressieve opmerkingen

'Neem je de middag vrij?' — als iemand vroeg weggaat van kantoor.
'Lekker uitgeslapen?' — als iemand laat binnenkomt.
'Fijn dat je vast bent gaan koken' — als de ander onderuitgezakt op de bank hangt.
'Zou je dat nou wel doen?' — als je vriendin een bitterbal wil nemen.
'Schiet je lekker op met je huiswerk?' — als je binnenkomt in de slaapkamer van je zoon en hij net in Fortnite iemand aan flarden schiet.

EFFECT OP DE ANDER: DE ANDER WEET NIET HOE JIJ EROVER DENKT, DUS HIJ KRIJGT OOK NIET DE KANS OM TE VERANDEREN OF OP Z'N MINST NA TE DENKEN OVER VERANDEREN.

Roddelen

Jaknikkers vinden het vaak makkelijker om tegen anderen te klagen dan eerlijk te zijn tegen de persoon die hem om wat voor reden dan ook frustreert. Door te roddelen over hoe stom de persoon in kwestie is, hoe weinig hij bijvoorbeeld terugdoet, zoek je erkenning en begrip bij anderen, maar de situatie verandert er natuurlijk niet door. Als jij je vriend wéér helpt verhuizen en jij 's avonds klaagt tegen je vriendin dat hij er altijd maar klakkeloos van uitgaat dat jij als gekke henkie wel weer dozen komt sjouwen, blijft je vriend je vragen.

Wat doe jij als je te lang op alles ja gezegd hebt en daarmee over je grenzen bent gedaan?

Roddelen, cynisme, ontploffen en stil afscheid nemen luchten op korte termijn op. Het voelt prettig, want je hoeft geen lastig gesprek aan te gaan of de verantwoordelijkheid te nemen. Maar... op lange termijn bevind je je op de ongeluksroute.

Last but not least: stress

De jaknikker die maar door- en doorgaat en te weinig tijd

voor zichzelf neemt kan last krijgen van stress. Rust nemen is essentieel om je lijf in balans te houden. Als je die rust niet neemt, bouwt spanning zich op en kunnen stressklachten ontstaan. Als je daar last van hebt, trap je vaak op de rem, waardoor je helemaal niets meer kunt. Ook hebben jaknikkers vaak de neiging om anderen de schuld te geven van hun stressklachten.

Welke stressklachten ken jij als je onvoldoende rust hebt genomen?

Redenen van de jaknikker

Komt wat in dit hoofdstuk beschreven staat je bekend voor? Dat is niet gek, want totdat het ja-zeggen je de keel uit komt heeft het vooral voordelen. Het kan zijn dat je altijd ja zegt om de volgende redenen:

• *Angst om niet meer cool, leuk of aardig te zijn*
Het kan zijn dat je altijd ja zegt en je grenzen niet aangeeft omdat je bang bent dat de ander jou minder cool, leuk of aardig zal vinden. Je past je dus maar aan omdat je niet wilt dat de ander iets negatiefs van jou gaat vinden en omdat je bang bent dat hij zich van je af zal keren.

• *Geen zin in gezeik*
Als je je grenzen bij anderen aangeeft, zal er altijd een gesprek ontstaan, of gedoe. Het kan zijn dat je geen zin hebt in zo'n gesprek (want gezeur en weer een halfuur van je leven dat je nooit meer terugkrijgt) en dat je het uit de weg gaat door dan gewoon maar geen grenzen te stellen.

• *Je bent graag aardig en lief*
Het kan zijn dat vriendelijkheid en lief zijn belangrijke waarden voor je zijn. Je pleast de ander graag omdat dat jou een goed gevoel geeft.

• *FOMO (Fear Of Missing Out)*
Je vindt gewoon heel veel leuk en wilt alles meemaken. Het leven is te kort om nee te zeggen. Je agenda zit daardoor moordend vol en nog steeds ervaar je dat je heel veel mist.

Reflectie

Kijk terug op de afgelopen twee weken en vraag je de volgende dingen af:

Wie ging er over jouw grenzen?

Wanneer ging je zelf over je grenzen?

Waarop zei je ja terwijl het eigenlijk nee had moeten zijn?

Wat had je achteraf bekeken in deze periode anders willen doen?

Van jaknikken naar grenzen stellen

Het goede nieuws is dat je alle nare manieren van volle zegelboekjes inwisselen kunt voorkomen door op tijd om te draaien op het dwaalspoor en terug te lopen naar de geluksroute. Als je merkt dat je te vaak ja zegt en de balans zoekraakt, kun je grenzen stellen om te voorkomen dat je zegels gaat plakken. Dat betekent niet dat je zo'n type wordt dat op alles keihard nee zegt en dat je bitchy of lomp reageert als iemand je iets vraagt. Het betekent ook niet dat je niets meer voor anderen doet. Nee, het gaat erom dat je er bewust voor kiest om wél iets voor een ander te doen zonder daar stiekem iets voor terug te verwachten. Het betekent dat je wat liever wordt voor jezelf en daarmee uiteindelijk ook voor anderen.

Het allerbelangrijkst, en meteen het allermoeilijkste, is het kénnen van je grenzen. Als jij niet weet wat belangrijk voor je is, is het lastig om mensen te vragen daar rekening mee houden. Het is logisch dat mensen eerder over je grenzen gaan als je geen idee hebt wat jouw grenzen zijn. Het is ook logisch dat je jezelf dan voorbijrent.

Oefeningen in grenzen stellen

Veel mensen gaan naar een coach of een training om beter te leren hoe ze grenzen kunnen stellen. Ik geef hier een aantal oefeningen. De eerste drie kun je alleen doen. Bij oefening 4 train je het respectvol uitspreken van jouw grenzen.

Oefening 1: Herken je grenzen

Soms weet je niet eens waar je grenzen liggen. Als je bijvoorbeeld op een feestje staat en merkt dat je je een beetje verloren en ongelukkig voelt, kan het zijn dat je al weken van hot naar her rent en eigenlijk gewoon een avond op de bank had willen netflixen. Je hebt kennelijk niet genoeg rust genomen en overal ja op gezegd. Nu je dit bij jezelf bespeurt, kun je bedenken wanneer ongeveer je grens was bereikt. Je kunt je op het moment dat je een rotgevoel hebt, bijvoorbeeld boosheid, onrust of ongemak, afvragen of dit komt doordat iemand over je grenzen is gegaan. Of ben jij je grenzen uit het oog verloren? Als dit zo is schrijf dan eens op waar die lagen en wanneer ze zijn overschreden.

Oefening 2: Bewust kiezen

Grenzen stellen betekent niet dat je niet lief bent voor anderen. Het gaat erom dat je er bewust voor kiest om iets te doen of laten voor een ander, en dat je niet (stiekem) iets terugverwacht. Als je ontdekt dat je iets terugverwacht, doe het dan niet of bespreek het met de ander. Op die manier kun je dus niet achteraf zeggen: 'Ja, hallo! Ik heb een lunch met vrienden laten schieten om jou te helpen met je verhuizing.' Of nadat je je stapavond hebt geskipt om voor je ziekige vriend te zorgen verwachten dat hij het weekend erop nu wél met jou naar het museum gaat (als terugbetaling). Als je bewust kiest, plak je geen zegeltje, en heb je geen enkele reden om achteraf te miepen. Geen gedoe dus.

Reflectie

Ga de komende week elke keer als je iets voor iemand doet, bij jezelf na of je daar iets voor terug wilt. Bedenk dus of het om een oprechte opoffering of gunst gaat of niet. Als je voelt dat je er eigenlijk iets voor terug wilt, doe het dan niet of spreek dat uit.

Schrijf situaties op waarin je iets voor een ander doet en schrijf erachter of je er wel of niet iets voor terug wilt.

Situatie	Wil ik er iets voor terug?

Je collega vraagt of je zijn presentatie wilt overnemen. Voor je ja zegt, bedenk je even hoe je hierin staat. Je kunt ja zeggen, als dat oké voelt. Maar als je denkt: ik doe het alleen als hij de volgende keer iets van mij overneemt, dan moet je het niet doen, of dit met hem bespreken.
Of een goede vriendin wil geld van je lenen. Voor je ja zegt, bedenk je weer hoe je erin staat. Is het echt oké voor jou, geef je haar dat geld en maakt het je niets uit? Of verwacht je dan wel dat ze het alleen aan zinnige dingen uitgeeft? Of dat ze een volgende keer iets voor jou doet? Als dat zo is, doe het dan niet, of bespreek het met haar, om zegels sparen te voorkomen.

Oefening 3: Zegelboekje legen door beter voor jezelf te zorgen

Je kent misschien je eigen grenzen wel, maar soms kom je erachter dat je toch te vaak ja hebt gezegd en alsnog zegels hebt gespaard. Je beseft pas achteraf dat je over je grenzen bent gegaan of dat je ergens een rotgevoel over hebt. Dit is het moment dat je ervoor kunt kiezen om weer voor jezelf te gaan zorgen, zonder de ander hiermee lastig te vallen en de schuld te geven van jouw nare gevoel, en zonder het gesprek aan te hoeven gaan. Je kunt je volle zegelboekje dus ook legen of leger maken zonder je frustraties bij de ander over de schutting te kieperen. Door weer voor jezelf te gaan zorgen. Ga na wat belangrijk voor je is. Voor mij is het bijvoorbeeld heel belangrijk om voldoende te blijven sporten. Als mijn sportmoment in het gedrang komt omdat ik te veel meega in wat anderen willen, word ik chagrijnig. Stel voor jezelf een lijstje op met wat voor jou belangrijk is. Dit zijn dingen waar niet (of nauwelijks) aan getornd mag worden. Dit zijn de voorwaarden waaraan moet worden voldaan omdat je dan het beste functioneert.

Reflectie

Dit is belangrijk voor mij:

1. ....

2. ....

3. ....

4. ....

5. ....

Oefening 4: Respectvol je grenzen aangeven

Als je je grenzen wilt aangeven is de manier waarop je dat doet belangrijk. De toon en woordkeuze zijn hierbij van groot belang. Als je te agressief uit de hoek komt, bereik je waarschijnlijk het tegenovergestelde effect, omdat de ander dan boos of bang wordt. Te zacht of voorzichtig zijn schiet ook zijn doel voorbij, want dan komt de boodschap niet duidelijk over. In beide gevallen is er een grote kans dat je op de ongeluksroute terechtkomt. De stappen die je kunt zetten als je effectief en respectvol je grenzen wilt aangeven, zijn de volgende:

1. Je geeft je grens aan
2. Je geeft de reden aan en de behoefte die eronder zit
3. Je toont begrip voor (het gevoel van) de ander en je benoemt dit
4. Je biedt eventueel een alternatief

Bijvoorbeeld: Jouw vriend is dól op dubbeldaten. Als jullie weer eens met een ander stel afspreken staat het toetje nog niet op tafel of de agenda's worden getrokken voor de volgende date, over drie weken. Jij houdt niet zo van volgeplande agenda's en koestert je weekenden nogal. Je kunt dan zeggen: 'Ik vind het niet fijn om meteen alweer een nieuwe datum vast te leggen (1), omdat wij al zo vol zitten met verplichtingen (2) en ik ook van spontane afspraken hou. En ik snap ook dat dit een beetje lullig klinkt en het is niet dat ik jullie niet graag weer zie (3), maar vinden jullie het goed om over een paar maanden pas een nieuwe datum te prikken (4)?'

In de praktijk is respectvol je grenzen aangeven best lastig, je wordt namelijk al snel te lief of juist te lomp.

Respectvol je grenzen aangeven

Waar zit jij op de schaal? Ben jij snel te lief of eerder te lomp?

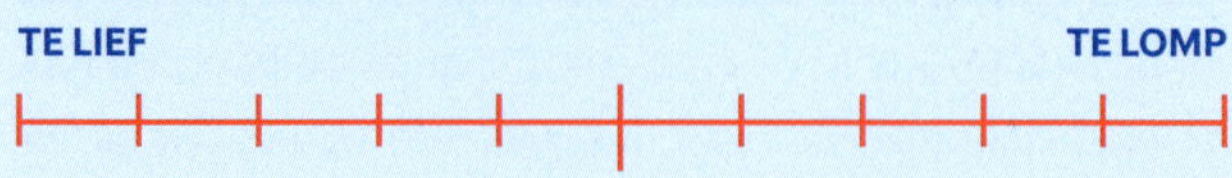

Te lief

Als je te lief en voorzichtig je grenzen aangeeft, gebruik je zoveel twijfeltaal dat een ander niet snapt wat je wilt zeggen. Twijfeltaal zijn woorden zoals 'misschien', 'eventueel', 'in principe', 'eigenlijk' en 'een beetje'. 'Eigenlijk kan ik vanavond niet maar...' of 'In principe doe ik dit liever niet...' Je bent in ieder geval niet lomp als je je boodschap zo in fluweel verpakt, maar je bent ook niet duidelijk. Anderen zullen niet of weinig rekening met je houden. Want als jij iemand vraagt: 'Kun jij mijn dienst overnemen?' en diegene antwoordt: 'In principe werk ik niet op donderdag...' dan klinkt dat toch meer als ja dan als nee.

Te lomp

Als je te lomp bent geef je wel je grenzen aan, maar niet op een respectvolle manier. Jouw oordeel en mening klinken door in je toon of in je woorden. Je gebruikt korte zinnen en maakt de ander vooral verwijten. Favoriete woorden zijn daarbij 'altijd' en 'nooit'. Je doet uitspraken als:

- *'Jij loopt altijd te zeuren over niks, ik kan het niet meer aanhoren.'*
- *'Hier heb ik echt geen zin in.'*
- *'Je hebt het altijd alleen maar over jezelf, ben ik niet interessant of zo?'*
- *'Doe jij nou ook eens wat!'*
- *'Stap toch eens uit die slachtofferrol.'*

Disclaimer

Het kan best even duren voor je dit allemaal onder de knie hebt. Geen probleem. Blijf vooral volhouden, ook als er een tussentijdse ontploffing of een te voorzichtige of een te lompe begrenzing plaatsvindt. Het feit dat je hiermee bezig bent en erkent dat je je grenzen beter wilt aangeven, is al een supergrote stap.

Oefening om grenzen aan te geven

Oefening baart kunst. Zeker als je niet gewend bent om je grenzen aan te geven, is het belangrijk om te oefenen, om te voorkomen dat je het te zacht of te hard doet. Neem eens iemand in je hoofd aan wie je je grenzen wilt duidelijk maken en schrijf voor jezelf op hoe je dit gaat doen. Volg daarvoor de onderstaande stappen.

1. Wat is je grens?

GA DOOR OP DE VOLGENDE PAGINA →

2. Wat is de reden dat je deze grens wilt aangeven? In het gesprek vertel je welke behoefte eronder ligt.

3. Wat zou de reactie van de ander kunnen zijn? In het gesprek toon je hier begrip voor. Hoe zou je dat kunnen verwoorden?

4. Wat voor alternatief kun je eventueel bieden? Vertel wat je wél zou willen doen.
(Deze stap is optioneel, en niet altijd nodig of relevant.)

Als je de antwoorden hebt opgeschreven, oefen dan het gesprek voor de spiegel of tegenover een goede vriend of vriendin. Vraag hem of haar of de boodschap helder is en of je niet te lief of te lomp bent.

Mensen die goed voor zichzelf kunnen opkomen worden soms als niet lief gezien. Maar het is toch eigenlijk andersom? Mensen die zich eindeloos wegcijferen en alles voor iedereen doen, maar stiekem klagen of roddelen, of zelfs onverwacht een relatie verbreken, lijken misschien lief, maar zijn dat niet. Ze zijn niet lief voor zichzelf, en daardoor ook niet voor hun dierbaren.

3

Het dwaalspoor van de superman

Dit hoofdstuk gaat over het dwaalspoor van de superman (m/v). De superman die anderen dolgraag helpt, lijkt in eerste instantie de geluksroute te kiezen, omdat hij er blij van wordt. Maar het is een dwaalspoor, want omdat je zelfs als superman op een gegeven moment moe wordt en dus zegels spaart, beland je toch op de ongeluksroute. En ik kan het weten. Want ik was vroeger zelf de ultieme superman met cape en alles.

O, wat wilde ik anderen graag helpen. Ik stond dag en nacht klaar met wijze raad voor mijn vrienden en vriendinnen. Maar door schade en schande (en een paar coachopleidingen) heb ik geleerd wat de gevolgen zijn van dit tomeloze 'redden'. Vroeg of laat gaat het je de keel uit hangen om de problemen van anderen op te lossen of raak je geïrriteerd als degene die je aan het helpen bent maar niet verandert. Diegene kan op zijn beurt moe van jou worden. Na het zoveelste goedbedoelde advies denkt hij: rot op met je tips, en voelt hij zich gefrustreerd of niet serieus genomen.

Een voorbeeld: mijn lieve collega Sanne werkte zich helemaal uit de naad en werd snipverkouden. Wij, haar collega's, doken als supermannen boven op haar, wij wisten het allemaal zo goed: ze moest Citrosan drinken, haar werk even ruilen met een collega en meteen haar ex vragen om de kinderen te nemen zodat ze een weekendje voor zichzelf had. Maar Sanne reageerde lauwtjes... ze had helemaal niet gevraagd om al die tips en adviezen. Sterker nog: ze vond het wel lekker om een maand extra te knallen met het oog op haar geplande vakantie, ook al voelde ze zich misschien niet in topconditie.

Herken jij zo'n fanatieke superman in je omgeving of in jezelf?

Supermannen voelen zich dus snel verantwoordelijk voor de problemen van anderen en schieten in de adviesstand.

Ze voelen zich geroepen om de ander te helpen met oplossingen.

De superman is een heel aardig en hulpvaardig type. Hij is wijs en verstandig, en heeft een speciale gave: het spotten van mensen in nood. Hij ziet het meteen wanneer iemand gelukkiger zou kunnen zijn en helpt zelfs mensen die niet om hulp hebben gevraagd. Hij denkt namelijk graag voor anderen en vóelt gewoon dat iemand die zielig kijkt of iets zegt over een vervelende kwestie zijn hulp nodig heeft. Hij ziet voor een ander al snel hoe die zijn leven kan optimaliseren, met bijvoorbeeld een andere partner, een uitdagender baan of een personal trainer die hem een schop onder zijn kont geeft. Dat helpen een reflex is, is logisch, want anderen helpen vóelt ook lekker. Nou ja, in het begin dan, als het je het gevoel geeft dat je nuttig bent. Dus je denkt dat je op de geluksroute zit. Maar als het te lang duurt, word je vaak moe van het helpen. Dan wil je dat de ander zélf iets gaat doen. En als dat niet gebeurt, dwaal je zo naar de ongeluksroute.

Bij wie weet jij heel goed wat hij of zij beter kan doen?

Ben jij een superman?

- ☐ Geef jij regelmatig tips en adviezen als een ander klaagt of verdrietig is?
- ☐ Word je weleens ongeduldig als jij weet wat iemand te doen staat?
- ☐ Bemoei je je graag met andermans leven?
- ☐ Irriteert het je als de ander niets doet aan zijn problemen?
- ☐ Ben je weleens klaar met het eindeloos luisteren?
- ☐ Baal je weleens dat je door al je geredder weinig tijd voor jezelf overhebt?
- ☐ Vind je weleens dat anderen dankbaarder mogen zijn voor de tijd die je aan ze besteedt?

GA DOOR OP DE VOLGENDE PAGINA →

- [ ] Ben jij degene die snel in standje regelneef schiet als er problemen zijn?

Is je antwoord op een aantal van deze vragen ja? Dan ben je te veel aan het supermannen. Twijfel je, vraag dan eens aan anderen of je hun vaak ongevraagd advies geeft. In dit hoofdstuk leer je hoe je voorkomt dat je moe wordt van helpen en zegels gaat sparen. Hoe je meer afstand kunt nemen van anderen, waardoor je beter kunt omgaan met de impuls om de ander te willen redden. En hoe je kunt zorgen dat helpen leuk blijft. Dan blijf je op de geluksroute en beland je niet op het dwaalspoor. Aan het eind van dit hoofdstuk vind je een aantal oefeningen om niet steeds in de supermanmodus te schieten.

Bij wie in jouw omgeving schiet je extra snel in de supermanstand? Wie heeft er volgens jou heel vaak hulp nodig?

Van superman naar slachtoffer

In onze lunchpauze vertelde mijn collega Stella dat ze helemaal gek wordt van de verhalen van haar vriend over zijn leidinggevende, die hij een enorme eikel vindt. Stella heeft al eindeloos naar haar vriend geluisterd, hem veel tips gegeven en zelfs uitgerekend dat ze het financieel redden als hij daar weggaat. Maar telkens als hij die stap lijkt te gaan zetten, bedenkt hij toch weer een reden om te blijven. Inmiddels kan ze zijn gezeur over die %&##% van een leidinggevende niet meer horen en heeft ze geen zin meer om het er met hem over te hebben. Stella vindt haar vriend een slappeling omdat hij niet doorpakt.*

Dit is een typisch voorbeeld van wat er kan gebeuren als je aan het supermannen slaat. In eerste instantie is Stella grenzeloos aan het meedenken, aan het opbeuren en ongevraagde tips aan het geven. Maar toen haar vriend niet in beweging kwam en bleef klagen, werd ze moe van zijn gezeur. En had ze dus supermanzegels gespaard. Ze begon hem slap te vinden en dáárover klaagt ze weer bij ons, haar collega's. Dus van superman die het slachtoffer wilde redden, veranderde ze zelf in een slachtoffer dat boos is op haar vriend en klaagt bij ons. Een ware superman-slachtoffermetamorfose, die ervoor zorgde dat ze op de ongeluksroute terechtkwam.

Heb jij weleens de superman-slachtoffermetamorfose meegemaakt: dat je eerst lekker aan het helpen was, maar daarna toch geïrriteerd raakte en daar dan weer over mopperde?

Mag ik dan nooit meer helpen? denk je nu misschien. Tuurlijk wel! Met helpen is helemaal niets mis. Het verschil tussen helpen en supermannen is dat supermannen meestal ongevraagd gebeurt. De superman neemt de verantwoordelijkheid van de ander over en cijfert zich zo weg dat hij vergeet om zijn grenzen aan te geven. En dat vindt hij niet zo erg zolang de ander ook wat met de tips doet, en dan ook nog het liefst volgens het tijdschema van de superman. Én als hij een beetje dankbaar is voor de tijd, tips en aandacht. Maar als dat allemaal niet het geval is raakt de superman teleurgesteld en gefrustreerd. Hij heeft zegels geplakt en gaat dingen denken als: dikke doei, zoek het maar uit, je luistert toch niet naar me. Hij verandert van een superman in een verongelijkt kind, geïrriteerd, miskend en gefrustreerd, met een oordeel over de ander, die hij vlak daarvoor nog wilde redden. Of hij voelt zich zielig en denkt: arme ik, ik heb zoveel voor hem gedaan. Meestal stopt de superman dan ook helemaal met helpen. Hij trekt zijn handen ervan af en soms verbreekt hij zelfs het contact.

Heb jij weleens het contact verbroken met iemand omdat je moe was van het helpen of juist boos was omdat hij niets veranderde in zijn leven?

Boze slachtoffers

Vaak wordt slachtofferschap geassocieerd met zielig zijn en klagen. Denk maar aan het liedje 'Ik heb een heel zwaar leven' van Brigitte Kaandorp. Boosheid wordt minder als een kenmerk van een slachtoffer gezien. Terwijl boze mensen zich meestal slachtoffer voelen van wat de ander of de situatie hun aandoet. Ze geven anderen de schuld van hun gevoel. Dus zowel klagers als mopperaars leggen de verantwoordelijkheid niet bij zichzelf, en daarom gedragen ze zich allebei als slachtoffer.

Redenen om te supermannen

Komt wat in dit hoofdstuk beschreven staat je bekend voor? Dat is niet gek, want totdat het supermannen vervelend wordt, heeft het vooral voordelen. Het kan zijn dat je de ander ongevraagd helpt om een van de onderstaande redenen.

- *Je voelt je nuttig.* Het voelt zo fijn als je iemand kunt helpen om zich beter te voelen. Je voelt je belangrijk, gewaardeerd en gezien. Jouw mening, tips en hulp doen ertoe.
- *Je eigen rotgevoel verdwijnt naar de achtergrond.* Het is heel naar om te zien dat iemand het moeilijk heeft. Iemand helpen dempt dat gevoel.
- *Je voelt je verbonden met de ander.* Je bent samen met iemand iets aan het doen om het beter of draaglijker voor hem te maken. Het voelt warm, fijn en 'samen'. Je voelt dat je waardevol bent voor de ander. Je verbonden voelen en gezien en gehoord worden is essentieel voor de mens.

- *Je richt je op wat mogelijk is, en dus op iets positiefs.* Het voelt prettiger om je te focussen op wat wel kan in plaats van op wat niet kan.

Oefening om de superman te herkennen

Bij wie heb jij na een gesprek minder energie dan daarvoor? Ben je in dit gesprek aan het supermannen geweest?

Kun je iemand bedenken in jouw omgeving bij wie je weleens in de rol van superman schiet?

Wat doe je dan? En voel je je hier beter door?

Kun je bedenken wanneer jij in de slachtofferrol schiet? Wat doet die ander bijvoorbeeld, waardoor je in die rol springt?

Wie geeft jou tips en ongevraagd advies, kortom: wie is jóu aan het redden?

Van dwaalspoor terug naar de geluksroute

Hoe kun je helpen nou leuk houden? Want lief zijn voor anderen is hartstikke belangrijk. Daar moet je zeker niet mee stoppen. Maar het is wel goed om je af te vragen of dat wat je doet ook is wat de ander vraagt of nodig heeft. Zo voorkom je dat de metamorfose naar slachtoffer plaatsvindt en je op de ongeluksroute terechtkomt. Het onderscheid tussen anderen helpen en supermannen zit hem in de vraag of de ander je om hulp heeft gevraagd of niet. Als de ander je niet om hulp heeft gevraagd maar jij die wel ongevraagd geeft en boos wordt als de ander niet (snel genoeg) verandert of niet dankbaar (genoeg) is, dan ben je aan het supermannen. Dus hoe hou je lief zijn en helpen leuk? Nou, heel simpel: stop met supermannen en begin met helpen op bestelling!

Helpen op bestelling

Meestal bedenk jij als superman zelf dat de ander geholpen moet worden, hoe hij geholpen moet worden en/of wat hij daarvoor nodig heeft. Misschien komt dat doordat jij die specifieke manier zelf fijn zou vinden of denk je te weten wat voor de ander het beste is. Je hebt in elk geval niet aan de ander gevraagd wat hij prettig zou vinden. Je bent dus ongevraagd aan het supermannen. Echt effectief ben je door te helpen als de ander daarom vraagt. Je kunt ook zelf vragen of iemand hulp nodig heeft. Om te voorkomen dat je slachtoffers maakt van mensen die geen slachtoffer zijn, kun je van het volgende uitgaan: ieder mens is verantwoordelijk voor zijn eigen leven en daarom ook voor het oplossen van zijn eigen problemen. Soms vragen mensen niet om hulp terwijl ze die wel goed kunnen gebruiken (in de ogen van superman). Maar zelfs dan

is het de verantwoordelijkheid van de persoon zelf om de eerste stap te zetten. Het is belangrijk om je dit goed te realiseren, want het is cruciaal.

Echte slachtofferhulp

Even voor de duidelijkheid: er is uiteraard een verschil tussen iemand van wie súperman denkt dat hij niet zo gelukkig is in zijn relatie of baan, en een écht slachtoffer. Als iemand gewond op de grond ligt vraag je niet wat hij nodig heeft. Een echt slachtoffer, iemand die acuut hulp nodig heeft, die help je natuurlijk gewoon. Dan ben je geen superman, maar een normaal, weldenkend mens.

Het presenteerblaadje

Als je het idee hebt dat iemand hulp nodig heeft, voorkom dan dat je in de supermanrol schiet. Je kunt vragen of iemand inderdaad hulp nodig heeft en vervolgens wat voor hulp, en hoe. Soms heeft iemand geen idee wat je voor hem zou kunnen doen. Geef dan aan wat je te bieden hebt: dat je kunt meedenken, kunt meehelpen zoeken of dat je zou kunnen vertellen hoe jij dit zelf altijd aanpakt. Je biedt de opties als het ware aan op een presenteerblaadje. Pakt hij er eentje af, dan kiest hij voor hulp en staat hij er dus voor open. Zo voorkom je dat je moe wordt of teleurgesteld raakt. Hou wel in de gaten dat je niet te veel doet. Check tussendoor bij de ander of de hulp hem verder brengt. Misschien is de vraag of situatie veranderd? Pas als je weet wat iemand van je wil en verwacht, ben je in staat om werkelijk te helpen.

Oefening: het presenteerblaadje

Om erachter te komen wat iemand van je wil en verwacht zou je kunnen vragen:

- Wat kan ik op dit moment voor je doen?
- Wat voor reactie zou je van me willen?
- Je kunt ook een suggestie op een presenteerblaadje aanbieden:
  - Wil je dat ik je een tip of advies geef?
  - Wil je dat ik naar je luister?
  - Wil je dat ik doorvraag?
  - Wil je dat ik je gewoon even aan het lachen maak?
  - Wil je dat ik vertel wat ik zou doen?

De ander kan daar op verschillende manieren op reageren:

A. Hij vraagt iets wat jij kunt bieden.
B. Hij vraagt iets waarvan je niet zeker weet of je het kunt bieden.
C. Hij vraagt iets wat je niet kunt of wilt bieden.
D. Hij staat niet open voor je hulp.

A. De ander vraagt iets wat jij kunt bieden

Dat is mooi! Dan kun je de ander helpen op een manier die voor jullie allebei werkt. Dus misschien ga je samen sparren, geef je tips of leun je simpelweg achterover en luister je. Ook in dat laatste geval speel je een heel waardevolle rol, want je bent begripvol, lief en aanwezig.

Een trainer met wie ik werk, vertelde tijdens de lunch over een groep lastige cursisten waar ze heel onzeker van werd. Ik vroeg haar of ik haar kon helpen. Dat wilde ze wel dus ik vroeg of ik haar wat adviezen mocht geven. Ik gaf een paar tips en zij besloot met welke tip ze wat ging doen.

B. De ander vraagt iets waarvan je niet zeker weet of je het kunt bieden

Iemand heeft bijvoorbeeld te maken met een gecompliceerde kwestie en vraagt of jij vanuit jouw ervaring wilt meedenken. Maar – slik – jij twijfelt of je daar wel de juiste persoon voor bent. Kun je hem wel (goed genoeg) helpen? Spreek die twijfel uit. Je zou kunnen zeggen dat je niet zeker weet of jouw input hem kan helpen, maar dat je het graag wilt proberen. Vraag tussentijds of jouw vorm van hulp iets bijdraagt en of het is wat de ander wilde horen. Bied zo nodig aan om een andere helper te zoeken.

Een vriendin wil dat ik meedenk over het uitbouwen van haar bedrijf. Ik weet niet zoveel van haar bedrijf en de markt die daarbij hoort. Daarom twijfel ik of ik de juiste persoon voor haar ben. Ik zeg dat ik het met liefde wil proberen en vraag tussendoor of wat ik zeg haar helpt.

C. De ander vraagt iets wat je niet kunt of wilt bieden

Soms wil iemand zijn ei kwijt en hoopt hij dat jij gewoon even wilt luisteren. Misschien vind jij dat je dat net één keertje te vaak hebt gedaan. Of misschien komt het op dat moment niet uit. Het is belangrijk om dan assertief je grenzen aan te geven.

Een kennis vraagt me of ik het door haar geschreven artikel wil herschrijven. Ik heb daar op dat moment helemaal geen tijd voor en/of geen zin in. Ik kan dan zeggen: 'Sorry, schrijven vind ik leuk, maar andermans teksten herschrijven is niet mijn ding. Daar kun je beter een ervaren redacteur voor vragen.'

D. De ander staat niet open voor je hulp

Als je de ander vraagt of je hem kunt helpen, antwoordt hij dat er toch geen oplossing voor zijn probleem is. Of hij zucht diep en zegt: 'Laat maar.' Hoe rot en machteloos het ook kan voelen: láát de ander dan. Zeg dat je altijd voor hem klaarstaat, maar ga niet redden. Eventueel kun je een laatste aanbod doen ('Ik kan nog wel een keer met je meekijken'), maar als het nee blijft, laat de ander dan met rust. Ook als je je een harteloos monster voelt.

Ik was laatst aan het eten met een vriend. Hij vertelde over de ellendige communicatie met zijn nog ellendigere ex-vrouw. Hij had me al vaker extreem nare dingen over haar verteld. Ik stond te luisteren en bedacht ter plekke oplossingen. Misschien moest hij eens wat meer stelling nemen. Of het juist op een begripvollere manier proberen. Maar voor ik mijn mond opendeed, realiseerde ik me dat ik aan het supermannen was (gelukkig alleen nog maar in mijn hoofd). Dus ik zei dat ik het vervelend voor hem vond dat hij in zo'n rotsituatie zat. Ik vertelde dat ik de neiging had om hem tips te geven, maar dat hij waarschijnlijk alles al geprobeerd had. Hij moest lachen en zei dat hij dat heel lief vond maar dat hij inderdaad na zeven jaar vechten elke mogelijke vorm van communicatie had geprobeerd en dat hij gewoon moest accepteren dat zijn ex een trut is.

Zie je iemand die hulp nodig heeft en wil je voorkomen dat het in ellende eindigt: doe dan even de supermancheck.

KIJK OP DE VOLGENDE PAGINA →

Supermancheck!

Ervaart hij een probleem? **NEE** → *Ga niet redden*

JA ↓

Vraagt hij jou om te helpen? **NEE** → *Ga niet redden*

JA ↓

Weet je op welke manier hij hulp wil? **NEE** → *Vraag het*

JA ↓

Krijg je hier energie van? **NEE** → *Geef je grens aan*

JA ↓

Ook als deze situatie nog heel lang doorgaat? **NEE** → *Geef je grens aan*

JA ↓

Ga lekker door

De andere kant: rot op met je tips!

Heb jij ook weleens last van supermannen in jouw omgeving? Dat je vertelt over iets wat je lastig vindt, en voordat je uitgesproken bent vliegen de tips en adviezen al om je oren? Weet je wat die en die laatst heeft gedaan? Moet jij ook proberen! Jij denkt: gast, kun je niet gewoon even luisteren? Ik ben toch niet achterlijk? Dat kan ik zelf ook wel bedenken. Of: ja, dat kun je wel zeggen, maar wat jij zegt werkt niet voor mij. Kortom: rot op met je tips!

Joop is een typische superman. Hij geeft niet alleen zijn broer Jan voortdurend ongevraagd advies, maar doet dat bij iedereen. Het hamerincident maakte hem daarom extra boos. Hij bedoelde het toch goed?

Ik keek laatst naar *The Voice* en hoorde de coaches tegen een negentienjarige zangeres zeggen: 'Wauw, je bent steengoed, maar je bent echt te onzeker. Je moet in jezelf geloven! Je moet echt meer zelfvertrouwen hebben!' Wat een supermannen, dacht ik. De zangeres keek bedremmeld naar de coaches en ik zag haar gewoon denken: Wat moet ik nou met dit advies? Ik wil heus wel zelfvertrouwen hebben, maar hoe doe ik dat in godsnaam?

Als je vaak goedbedoelde tips krijgt, kun je daar gestoord van worden en in de slachtofferrol schieten (Boehoe, arme ik of: Jouw adviezen slaan nergens op). Soms wil je nou eenmaal gewoon een luisterend oor. Misschien hebben die tipgevers wel een oordeel over jou, en daardoor kun je je nog zieliger gaan voelen. Je hebt de neiging af te haken en je terug te trekken. Maar... dan spaar je zegels en ga je zo, huppekee, de ongeluksroute op. En daar wordt niemand beter van! Wanneer je merkt dat je gek wordt van de tips van de supermannen in jouw omgeving is het belangrijk om aan te geven hoe je wél geholpen wilt worden. Wil je dat de ander gewoon even naar je luistert, of heb je advies nodig? Zeg dat gewoon. En zeg het ook als je geen hulp wilt.

Een vriendin van me nam een hond: een Hollandse herder. Ze was superblij met de pup, maar haar geluk werd overschaduwd door de niet-aflatende stroom adviezen die ze kreeg over de opvoeding van de hond. Ze werd er gillend gek van. Ze besloot zich een beetje af te sluiten – geen zin in dat continue hondenouders-van-nu-gezeur. Hoewel ze er vreselijk van baalde, zei ze er niets van. Maar van dit ontwijkgedrag werd ze ook niet vrolijk, want contact met andere hondenbezitters is ook gewoon gezellig. Dus besloot ze eenvoudigweg te zeggen wat ze wilde: 'Ik wil graag één concrete tip van je, wat is het beste advies dat je hebt?'

Supermannen lijkt heel aardig en is ook lief bedoeld, maar je kunt het ook zien als arrogantie. Als je supermant, ga jij vanuit jouw referentiekader de boel wel even oplossen, en meestal zonder dat de ander ernaar vroeg. Maar de ander is jou niet, dus heel vaak werken jouw tips niet voor de ander. Een ander mankement van supermannen is dat je vaak zo snel wil helpen, dat je al in de startblokken staat als je iemand over iets moeilijks hoort vertellen. Zonder de achtergrond te weten, wat de ander geprobeerd heeft en wat het achterliggende probleem is. Kortom: supermannen is niet zo lief als het eruitziet. Hoe goedbedoeld ook, het werkt op lange termijn vaker niet dan wel. Anderen helpen is alleen leuk (en zinvol) als de ander geholpen wil worden.

4

Het dwaalspoor van het masker

Dit hoofdstuk gaat over het masker, het dwaalspoor waar bijna iedereen mee te maken heeft. Het hoofdstuk is dan ook langer dan de hoofdstukken over de andere dwaalsporen. Net als bij de andere dwaalsporen lijkt er in eerste instantie niet veel aan de hand. Je masker gebruik je om te laten zien wie je graag zou willen zijn, en dat lijkt in het begin prima te werken. Je verstopt echter je echte gevoelens en behoeften. Soms doe je dat bewust en soms onbewust; misschien heb je niet eens goed door wat je echte gevoelens en behoeften zijn. Door een masker te laten zien verberg je the real you.
De mensen om je heen reageren op het gedrag dat ze van je zien, dus op het maskergedrag, en niet op wat er onder dat masker zit. Daardoor komen ze vaak niet tegemoet aan wat je nodig hebt en begrijpen ze niet hoe je je voelt. Dit veroorzaakt misverstanden, en jij gaat zegels sparen. Met zo'n masker beland je op een dwaalspoor naar de ongeluksroute.

Wat weet (bijna) niemand over jou?

Jan (van Joop) is een beer van een vent, maar heeft een klein hartje. Hij heeft altijd al twee linkerhanden gehad en werd door Joop en de rest van de familie van kinds af aan geplaagd met zijn onhandigheid. Jan heeft daardoor een haat-liefdeverhouding met klussen. Hij vond boren en zagen niet per se leuk, maar hield van de gezelligheid: het geklets, de schuine moppen en het biertje achteraf. Joop heeft er geen weet van dat Jan niet zo van klussen houdt en realiseert zich ook niet dat Jan dat 'geplaag' slecht trok (Jan spaart zegels!), want over dit soort zaken wordt niet gepraat. In hun familie wordt kwetsbaarheid met een hogedrukspuit onder het tapijt gespoten en verborgen achter een stoeremannenmasker. Niemand kent elkaars zwaktes en gevoeligheden. En dat zorgt voor pijnlijke misverstanden, en in het geval van Jan en Joop zelfs voor een verbroken relatie.

Maskeer jij vaak wie je werkelijk bent?

- [ ] Vind je het moeilijk om te bespreken wat je voelt?
- [ ] Vind je het lastig om anderen te vertellen wat je behoeften zijn, dus wat je graag zou willen?
- [ ] Heb je weleens de neiging om een eigenschap of karaktertrek van jezelf te verbergen: iets wat je minder mooi vindt, waar je je een beetje voor schaamt?
- [ ] Is er een emotie die jij vaak laat zien, bijvoorbeeld boosheid of juist verdriet, blijdschap of angst? En toon je de andere gevoelens niet of nauwelijks?
- [ ] Denk je vaak: dit ga ik niemand vertellen want dan vinden ze me minder leuk, minder stoer of minder aardig?

Wat voor masker zet jij vaak op, of wat voor imago heb je? Denk bijvoorbeeld aan: de powervrouw, de stoere man, Moeder Theresa, de ambitieuze go-getter, de lieve moeder, de luisteraar.

Als je op één of een paar vragen ja hebt geantwoord is de kans groot dat je het dwaalspoor van het masker herkent. Misschien maar op één bepaald vlak: je verbergt iets waar je onzeker over bent. Zoals Jan verbergt dat het geplaag over zijn twee linkerhanden hem meer doet dan hij zou willen. Het kan ook zijn dat je veel méér gevoelens en behoeften van jezelf verbergt. Vraag iemand die jou goed kent eens hoe hij je ziet:

- *Weet jij waar ik onzeker over ben?*
- *Weet jij vaak wat ik voel?*
- *Weet jij vaak waar ik behoefte aan heb?*
- *Weet je waar ik bang of bezorgd over ben?*
- *Wat is het persoonlijkste dat je weet over mij?*
- *Vind jij dat ik me kwetsbaar kan opstellen, of juist niet?*

De antwoorden zijn vaak veelzeggend, omdat die aantonen of jij jezelf laat zien en of de ander jou echt ziet.

ZIE JE MIJ?

Redenen om een masker op te zetten

- ***Jezelf vergelijken met een ideaalbeeld of je voordoen zoals je zou willen zijn***

Je doet iets omdat je hoopt dat anderen je dan cooler, liever, normaler of leuker vinden. Je luistert dus niet naar wat je werkelijk voelt of wilt, maar handelt naar een zelfbedachte norm. Je zet nep- of 'zo zou ik willen zijn'-gedrag in, waardoor je niet laat zien wie je werkelijk bent en ook je behoeften en grenzen niet aangeeft. Zelf heb ik bijvoorbeeld laatst het grootste gedeelte van mijn weekend tikkend in de Coffee Company doorgebracht. Ik wil graag die flexibele, hip & happening moeder zijn. Dus toen mijn kinderen vroegen of ze thuis een slaapfeest mochten geven in een weekend dat ik een deadline had, zei de toffe ik 'tuuuuurlijk', met als gevolg dat ik mijn huis vol feestende pubers moest ontvluchten om te voorkomen dat ik mijn werk niet af zou krijgen. Lekker dan.

Welke gevoelens verberg jij weleens omdat je je beter wilt voordoen dan je bent?

- ***Angst voor afwijzing en schaamte***

Je kunt ook een masker opdoen omdat je bang bent om afgewezen te worden. Of misschien schaam je je wel voor bepaalde gevoelens en behoeften. Veel mensen zijn bang dat als ze zichzelf laten zien, precies zoals ze zijn, de ander hen dan niet leuk meer vindt.

Rob bekende dat hij nooit zichzelf was geweest bij zijn ex-vriend. Hij liep altijd op zijn tenen. Hij had zijn coole-dudemasker opgehad toen ze elkaar leerden kennen en durfde daarna niet te laten zien dat hij in de basis helemaal niet zo cool was, maar juist onzeker.

Misschien ben je bang dat als je zegt wat je nodig hebt, de ander daar niet aan kan of wil voldoen. En dan ben je nog verder van huis.

Roelien durfde niet aan haar minnaar te vragen of hij van plan was om ooit weg te gaan bij zijn vrouw. Ze was veel te bang dat het antwoord 'nee' zou zijn en dat ze zich dan afgewezen zou voelen.

Welke gevoelens verberg jij weleens omdat je bang bent dat je anders minder leuk gevonden wordt?

- ***Controle houden***

Een andere reden om je gevoelens niet te laten zien is dat je bang kunt zijn dat de gevoelens zo groot zijn dat ze je zullen overspoelen.

Silvia's man is ernstig ziek. Als een van de kinderen jarig is, staat Silvia als een malloote hapjes te maken in de keuken (lees: te schuilen), en als iemand haar dan toch vraagt hoe het met haar gaat, zegt ze glimlachend 'prima'. Natuurlijk gaat het helemaal niet prima met haar. Maar ze is bang dat ze zo verdrietig wordt dat ze er niet meer uit komt als ze zou vertellen hoe ze zich echt voelt.

Welke gevoelens verberg jij weleens omdat je bang bent de controle te verliezen?

Onbewust masker

Sommige mensen zijn net intercity's, ze denderen altijd maar door. Ze staan nooit stil bij hun gevoel en schieten altijd meteen in de actiemodus. Wat er in hun lijf gebeurt? Pfff, weten zij veel. Wat ze willen? Doet er niet toe, want 'het gaat prima met mij'. Vaak herkennen zulke mensen hun behoeften pas wanneer die hun als een moker in het gezicht slaan en ze er niet meer omheen kunnen. Heb jij dat ook? Het kan dan zijn dat je nooit geleerd hebt om over gevoelens te praten, omdat je ouders dat ook niet deden, of omdat vroeger thuis alle gevoelens werden weggerationaliseerd. Mijn vader bijvoorbeeld legt altijd een snoepje op het hoofd van zijn verdrietige kleinkinderen met de boodschap: 'Eet maar op als je gestopt bent met huilen.' Het kan ook zijn dat je geleerd hebt om slechts één gevoel te uiten, bijvoorbeeld boosheid, en dat andere gevoelens minder gewaardeerd werden.

Wat heb jij vroeger geleerd over gevoelens? Hoe werd er omgegaan met jouw emoties, zoals angst, blijdschap, verdriet of boosheid?

Het is ook behoorlijk lastig om te bedenken wat je zelf wilt als bijvoorbeeld je kleding, hobby's en gedrag voor jou bepaald werden, en er nooit naar je werd geluisterd. Dan geef je de regie sneller uit handen.

De gevolgen van het maskergedrag

Als je een masker opzet, weet de ander niet wat je nodig hebt, wat je voelt en wie je echt bent. Het masker bedekt je ware ik, en dat heeft een aantal gevolgen die je vaak naar de ongeluksroute loodsen, zeker op lange termijn.

1. Geen echte verbinding

Als je niet laat zien wie je bent, wat je voelt en wat je wilt, maakt de ander alleen contact met de versie van jezelf die je aan de buitenwereld toont. Hij zal dan ook alleen reageren op die versie en niet op jouw ware gevoelens en verlangens. Dat kan misverstanden veroorzaken en dat is natuurlijk eeuwig zonde.

Ik ben geboren met een blauwe plek op mijn lip. Als kind moest ik in elke winkel, bij elke tramchauffeur, bij elke nieuwe juf en aan elke voorbijganger uitleggen wat dat was. Ik háátte het als mensen vroegen wat ik op mijn lip had. In de puberteit bemachtigde ik een camouflagestift en dat werd mijn pantser. Zonder die stift was ik onzeker, want niemand mocht zien wat onder de plamuur zat. Maar dat werd een probleem toen ik vriendjes kreeg. Ik moest altijd eerder opstaan, stiekem snel mijn lip stiften en dan weer in bed gaan liggen. Ik kon niet kussen in het openbaar omdat het camouflagespul er dan af ging. Ik deed dus nooit spontane dingen, zoals ergens blijven slapen. Door mijn lip liet ik niet zien wie ik was en had ik altijd niet alleen letterlijk, maar ook figuurlijk iets te verbergen, waardoor mijn vriendje van toen me nooit echt heeft leren kennen. Hij zag alleen maar een controlfreak die niet openstond voor spontane dingen, terwijl ik gewoon een onzeker meisje was met een blauwe lip.

Verberg jij weleens gevoelens waardoor misverstanden ontstaan?

2. Anderen bepalen wat jij doet

Als jij je niet kwetsbaar opstelt en je gevoelens en behoeften laat zien terwijl anderen in jouw omgeving die van hen wél verwoorden, dan zijn zij kapitein en bepalen zij de koers. Jij zult je als een brave hendrik moeten aanpassen aan hun wensen en zij hebben geen enkele reden om aan te nemen dat jij misschien iets anders zou willen. Jouw pad wordt daardoor met een grote veeg van tafel gezwiept, en zonder pad ga je snel over je grenzen.

AI-AI KAPITEIN

Een voorbeeld hiervan is Titus, die voor vier opdrachtgevers werkt die allemaal aan hem trekken. Hij heeft daardoor veel meer werk dan tijd, waardoor hij de boel vaak moet afraffelen. Je snapt dat dat niet bepaald tevreden klanten oplevert. Maar Titus durft niet te kiezen, wil niemand teleurstellen en zegt op elk verzoek ja. Hierdoor zit hij ook 's avonds en in het weekend te werken en mist hij tijd met zijn vrouw, kinderen en vrienden.

Doe jij weleens dingen die je helemaal niet leuk vindt? Komt dat vaker voor?

3. Interne moetens krijgen vrij spel

'Interne moetens' zijn voorwaarden die je jezelf oplegt — wat je moet doen of zijn. Deze moetens zijn normen die je ooit zelf hebt bedacht of die je opgelegd hebt gekregen, bijvoorbeeld dat je altijd aardig, stoer, sterk of attent moet zijn. Als je niet weet en zegt wat je zelf wilt, krijgen deze interne moetens vrij spel en nemen ze de boel over. En daar moet je mee oppassen, want ze kunnen je weghouden van wat belangrijk voor je is: je waarden. Zo kan de perfectionist in je roepen dat je heus wel harder kunt werken en net dat tandje bij kunt zetten, terwijl je eigenlijk behoefte hebt aan even helemaal niks aan je kop. Als je niet goed luistert naar wat je nodig hebt, wint de neiging om maar door te stomen, met alle nare gevolgen van dien.

Wat voor interne moetens ken jij? Moet je altijd stoer zijn? Altijd grappig? Voor iedereen zorgen? Iedereen uit laten praten?

Yoeri is een succesvolle sales consultant. Toen hij vorig jaar een nieuwe functie op zijn werk toch niet kreeg vertelde hij zijn vriendin niets. Hij schaamde zich en wilde niets laten zien van zijn verdriet en boosheid. Hij voelde zich een prutser en wilde alleen zijn succesvolle kant aan haar laten zien, uit angst dat ze hem anders niet meer leuk zou vinden.

Maskergedrag: niet duidelijk zeggen wat je wilt

Veel mensen hebben niet geleerd hun behoeften rechtstreeks te uiten en kunnen het gewoonweg niet. Of ze hebben het afgeleerd. Misschien vind je het eng om te zeggen wat je zou willen, wat je nodig hebt. Soms uit je niet wat je zou willen omdat je je eigen behoeften als minder 'cool' beoordeelt. Als je vindt dat je sterk moet zijn, zal om hulp vragen niet makkelijk zijn. Soms lijkt duidelijk vragen wat je wil te spannend en doe je het omslachtig. De kans is dan groot dat de ander niet doorheeft wat je vraagt. Of dat hij je vraag negeert, omdat hij je wel degelijk doorheeft, maar zich ergert aan je aanpak. In beide situaties krijg je niet wat je nodig hebt. Je wensen niet uiten voelt misschien wel lekker veilig, maar uiteindelijk sta je met lege handen. Vaak worden om die reden bewust of onbewust de volgende communicatietactieken gebruikt:

- *Klagen en steunen*

Af en toe een theatrale zucht slaken in de hoop dat de an-

der daardoor begrijpt wat je nodig hebt, vind je minder ongemakkelijk dan gewoon zeggen: 'Ik kan dit niet, wil je me helpen?'
Ken je die mensen die als je vraagt hoe het gaat zuchtend zeggen: 'Gaat wel.' En dan zwijgen. Zodat jij wel móet vragen: 'O, vertel eens.' Dat is een subtiele manier van zeggen: vraag aan me wat er aan de hand is.

Klaag jij ook weleens in plaats van om hulp te vragen?

Roos is bezig met een IKEA-tafel op haar nieuwe dakterras. Haar vriend zit in de kamer ernaast de krant te lezen. Ze zucht en steunt en maakt een hoop kabaal met losse onderdelen en vloekt steeds harder dat ze er werkelijk niets van snapt en dat het onmogelijk is het ding in elkaar te zetten.

- ***Niets doen en hopen op iets fijns***

Een andere manier is erop inzetten dat de ander jouw behoeften kan ruiken: wachten tot hij een vraag stelt, in plaats van gewoon iets vertellen omdat je het graag wilt delen.

Is het jou weleens overkomen dat je je behoeften niet uitsprak omdat de ander er niet naar vroeg?

Joep gaat uit eten met een vriend en wil graag vertellen over zijn leuke date met een vrouw die weleens 'the one' zou kunnen zijn. Zijn vriend praat honderduit over zijn werk en vraagt niets. Joep zit ondertussen te popelen om zijn verhaal te doen, maar het komt er niet van. Onderweg naar huis baalt hij dat ze het alleen maar over werk hebben gehad.

- ***De boel omdraaien***

Je hebt zelf ergens behoefte aan maar je doet alsof je het voor de ander doet en niet voor jezelf.

Els heeft enorm veel zin om nog een yogalesje mee te pakken voordat ze een weekendje weggaat met het gezin.

Ze zegt tegen haar man: 'Je bent zo moe, schatje. Als we nou een uurtje later wegrijden, kun jij lekker uitslapen!' Maar ze bedoelt: dan kan ik even dubbelgevouwen op mijn yogamat gaan liggen!

Verpak jij je eigen behoeften weleens zo dat het lijkt of je iets voor de ander doet?

Maskergedrag: gevoelens verstoppen

Als je je gevoelens verstopt, laat je jezelf niet helemaal zien. Dit kun je zowel bewust als onbewust doen. Het kan zijn dat je niet goed weet wat je voelt, omdat je nooit geleerd hebt om hierbij stil te staan. Het kan ook zijn dat je al heel vroeg begonnen bent met het verstoppen van je gevoelens.
Zoals Peter die me vertelde dat hij zich het moment nog kon herinneren waarop hij het besluit nam: ik laat mijn verdriet nooit zien. Hij was op het voetbalveld geslagen door een jongen en was huilend naar zijn vader gegaan. Die zei: 'Kom op, laat je tranen niet zien. Ga nú terug en geef hem een nog veel hardere mep!'

Soms weten mensen wel wat ze voelen, maar is er geen haar op hun hoofd die eraan denkt om die gevoelens kenbaar te maken. Want stel je voor dat je je kwetsbaar opstelt! Tss, je kunt zomaar worden afgewezen, of veroordeeld. En als je open bent over je onzekerheden, weten mensen ook meteen waar ze je op kunnen pakken.

Vaak worden, bewust of onbewust, de volgende masker-tactieken gebruikt:

Laat jij weleens iets anders zien dan wat je voelt?

Camoufleren

Gevoelens verstoppen onder andere gevoelens: uit je slof schieten terwijl je vooral bang bent. Of huilen terwijl er eigenlijk stoom uit je oren komt. Het gevolg is dat de ander reageert op het gevoel dat je wél laat zien. Daardoor gaat hij bijvoorbeeld terugschreeuwen in plaats van dat hij je angst serieus neemt.

Bert wordt altijd boos op zijn vrouw als ze weer eens te laat thuis is, terwijl hij eigenlijk bang is dat haar iets is overkomen. Ook Jacy, die altijd moet huilen als ze ruzie heeft met haar vriend. Terwijl ze niet verdrietig is maar woedend.

Brei jij ook weleens een vervelende situatie recht met argumenten?

Rationaliseren

Sommige mensen zijn zeer bedreven in het wegredeneren van gevoel. 'Het valt allemaal wel mee' of 'Het was hoe dan ook een keer misgegaan' zijn klassieke wegredeneeruitspraken. Daardoor wordt je gevoel weggewuifd en niet serieus genomen en wordt het onmogelijk om erover te praten.

Casper zei dat hij het niet erg vond dat hij zijn droombaan niet had gekregen. Hij had eigenlijk toch geen zin om direct weer in zo'n zware functie te stappen.

Gebruik jij weleens spiritualiteit zodat je het niet over je gevoelens hoeft te hebben?

Spiritueel maken

Alles wat je overkomt wegzetten als een spirituele les: claimen dat een godheid of het universum het zo bedoeld heeft. Daardoor geef je geen ruimte aan je gevoelens, waardoor je de gebeurtenis niet kunt verwerken.

Ella's vriend was vreemd gegaan en had een andere vrouw zwanger gemaakt. Ze vond dat ze niet boos mocht zijn omdat het universum haar iets wilde leren.

Grappige verhalen vertellen

Een andere manier om het niet over je gevoelens te hebben is stand-upcomedy te maken van pijnlijke verhalen. Mensen vinden je hilarisch, maar zien de onderliggende pijn niet en kunnen je dus ook niet steunen of helpen.

Maak jij ook weleens een grap van iets ergs, of herken je het bij anderen?

Harry is heel grappig. Ik smulde altijd van de verhalen over zijn 'stiefheks', die hem steevast tot op het bot beledigt. Totdat ik doorhad dat hij zich die dingen wel degelijk aantrok en het voor hem helemaal niet zo lollig was als hij me liet geloven.

Medelijden opwekken

Je kunt ook zielig doen in plaats van je gevoelens en behoeften te uiten. Als je dit trucje vaker uithaalt zal de ander zich na een tijdje aan je gaan ergeren en daardoor heeft hij waarschijnlijk weinig zin om je te helpen.

Trek jij ook weleens aandacht door zielig te doen in plaats van te vragen wat je wilt?

Zuchtend thuiskomen, je op de bank storten en roepen dat je nog nooit in je leven zo moe bent geweest, in plaats van gewoon vragen: 'Wil jij alsjeblieft koken vanavond?'

Afleiding zoeken

Een andere manier is je gevoelens wegmanagen door afleiding te zoeken. Dit lijkt in eerste instantie heerlijk, want je hebt geen tijd om je ellendig te voelen. Maar vroeg of laat komt je gevoel weer keihard terug.

Wat voor afleiding kies jij om je gevoel weg te stoppen: drinken, eten, netflixen...?

Toen de relatie van Oscar uitging, zat hij binnen een week alweer op Parship te chatten met potentiële dates in plaats van de breuk eerst goed te verwerken.

Bagatelliseer jij ook weleens wat je voelt door aan ergere dingen te denken?

Relativeren

Je gevoel kapotrelativeren door ze te vergelijken met iets wat veel erger is. Want dan doet jouw *first world problem* er eigenlijk niet meer toe. Afstand nemen kan op zich heel goed zijn, tenzij je daardoor niets meer voelt of je eigen gevoel niet meer serieus neemt.

Ellen vergelijkt haar problemen altijd met het leed van kinderen die in oorlog de naarste dingen meemaken en besluit dan keer op keer dat ze zich niet zo moet aanstellen. Je kent ook vast wel de uitspraak 'Ik mag niet klagen als ik het vergelijk met mensen die...' Maar daaronder zit dan wel een ongelukkig of onprettig gevoel.

Ben jij een positivo, of heb je er een in je omgeving?

De positivo uithangen

Bepaalde mensen weten overal een positieve draai aan te geven. Het is kan goed werken om tegenvallers niet te zwaar op te nemen, maar op de lange termijn ben je je daardoor te weinig bewust van wat je nodig hebt.

Ik was met een groepje vriendinnen, waaronder zo'n positivo, naar Lissabon. Het water van ons privézwembad was steenkoud en ik gromde een paar scheldwoorden. Ik had me verheugd op verkoelende plonsjes, niet op een ijsbad. Haar reactie: 'Top! Nu hoeven we geen baantjes te trekken!'

Zeg jij weleens dat een vervelende gebeurtenis je niets doet om het gevoel niet te hoeven toelaten?

Ontkennen

En dan zijn er ook nog mensen die ontkennen dat ze überhaupt iets voelen. Het heeft geen enkele zin om te vragen: 'Hoe was dat voor jou?' of 'Was je daar boos over?' Het antwoord is namelijk altijd: 'Nee hoor, het boeit mij niet' of: 'Ik lig daar echt niet wakker van.' Maar je proeft de emotie in hun verhaal en die zal blijven hangen zolang er niets mee wordt gedaan.

Richard vertelt altijd over zijn baas, die hem steevast overslaat als er leuke klussen langskomen. Als ik vraag wat hij daarbij voelt, zegt hij: 'Joh, ik had niet anders verwacht.' Mijn vriend Herman, die na 19 jaar wegging bij zijn werkgever en die na al die jaren de ballen uit zijn broek gewerkt te hebben niet eens een afscheid of bedankje kreeg. 'Maakt niet uit,' zei hij, maar ik zag aan zijn gezicht dat hij baalde.

Oefening voor het herkennen van maskergedrag

Denk eens terug aan de afgelopen twee weken en stel jezelf de volgende vragen:

Waar heb je je voor geschaamd?

Wanneer voelde je je afgewezen?

Welke gevoelens heb je niet laten zien?

Welke behoeften heb je niet laten zien?

Welke gevoelens heb je verstopt, en welke strategieën heb je daarvoor ingezet?

Had je achteraf dingen anders willen doen?

Wat levert het afzetten van het masker op?

Marieke heeft nu zo'n drie jaar een relatie en bekent dat ze hem nooit heeft durven vertellen wat ze lekker vindt in bed. Ze durft niet toe te geven dat ze zin heeft in spannendere seks. Ze wil niet overkomen als een seksbelust type. Inmiddels zijn ze afgegleden naar een voor haar nogal onbevredigend seksueel ritueel, maar ze begint er nooit over. Haar masker van keurig meisje zorgt ervoor dat ze haar mond houdt.

Eva durft op haar werk niet toe te geven dat ze een halve maagzweer krijgt van het schrijven van beleidsstukken – ze vindt dat megamoeilijk. Ze stelt het dus altijd uit, moet daardoor na werktijd aan de bak en komt dan vaak klem te zitten. Gevolg: ze haalt deadlines niet en 'lost dat op' door zich ziek te melden. Ze merkt dat ze hierdoor niet goed ligt bij collega's, maar durft ook niet met de billen bloot over haar onzekerheid. Haar 'ik moet alles aankunnen'-masker zorgt er dus voor dat ze wegduikt en laks lijkt. Dat is natuurlijk niet het geval, maar haar collega's weten niet beter en worden gek van haar 'onverschilligheid'.

Gevoelens en behoeften verstoppen is een populair spelletje, dat meestal wordt gevoed door angst voor kwetsbaarheid, schaamte en afwijzing. Zo beland je snel op een dwaalspoor. Als je voor de geluksroute kiest, is het belangrijk om je gevoelens en behoeften open te uiten. Je komt er dus niet onderuit: je moet je ware zelf laten zien, en dat voelt vaak kwetsbaar. Maar het is echt de énige route naar ware vriendschap en verbinding. Waarom? Nou, omdat het afzetten van je masker de volgende voordelen oplevert:

- *Je bent 'leesbaarder': anderen begrijpen je makkelijker, waardoor ze dingen voor je kunnen doen of laten. Echtheid roept begrip op.*
- *Je krijgt meer intimiteit in je relaties. Intimiteit is wederkerig. Als ik mijn kwetsbaarheid toon, krijg ik ook die van de ander te zien. Hierdoor kan de samenwerking, vriendschap of liefde steeds dieper gaan.*
- *Je bent authentieker en dus aantrekkelijker voor anderen. Authenticiteit wekt vertrouwen, en mensen durven dichterbij te komen.*
- *Je bent minder vatbaar voor psychische en lichamelijke klachten. Je kropt minder gevoelens op, waardoor je niet zo gevoelig bent voor stress.*
- *Je gaat minder makkelijk over je eigen grenzen. Door eerlijk te zijn over je gevoelens en behoeften — tegen jezelf en tegen anderen — zul je beter weten hoe ver je kunt gaan.*

Als Marieke haar vriend vertelt wat ze lekker vindt in bed, en dat ze het spannend vindt om dit aan te kaarten, kunnen ze samen manieren verzinnen om de seks leuker te maken. Als Eva zou toegeven dat ze nachtenlang ziek van onzekerheid de beleidsstukken zit te herschrijven, zullen haar collega's meer begrip hebben en mogelijk hulp aanbieden.

Hier volgen een aantal oefeningen waarmee je leert om je gevoelens en behoeften effectiever te verkennen en ze te uiten. Onderstaande vragen helpen je om te bepalen welke oefening je het best kunt doen.

Vind je het lastig om stil te staan bij wat je voelt of om gevoelens te benoemen? **PROBEER OEFENING 1.**

Weet je vaak niet wat je wilt en kun je niet goed verwoorden wat je nodig hebt? KIJK OF OEFENING 2 JOU OP WEG KAN HELPEN.

Vind je het lastig om je kwetsbaarheid te laten zien? DAN IS OEFENING 3 IETS VOOR JOU.

Zorgen je interne 'moetens' ervoor dat je niet goed bij je gevoelens en behoeften komt en ze niet uitspreekt? DOE DAN OEFENING 4.

Oefening 1: Stop en voel

Sommige mensen zijn zó goed geworden in het verstoppen van hun gevoelens, dat ze er een blinde vlek voor hebben ontwikkeld. Ze zijn niet gewend om erbij stil te staan, fysiek en emotioneel. Voordat je aan anderen kenbaar kunt maken wat je voelt, is het zaak om eerst zelf te leren voelen. Daarom is het goed om een paar momenten op de dag te kiezen waarop je heel bewust stilstaat bij je gevoel. Het liefst tijdens alledaagse bezigheden, bijvoorbeeld als je in de auto zit of tijdens het tandenpoetsen. Je kunt ook een paar keer per dag een alarm zetten. Als het alarm afgaat, stop je even met wat je aan het doen bent. Vóel op dat moment alleen maar. Je kunt ook je lichaam scannen: rustig je hele lijf, lichaamsdeel voor lichaamsdeel, afgaan en opmerken wat je voelt. Door dit vaker te doen zul je merken dat het steeds sneller gaat. Je kunt de gevoelens opschrijven of er een *mental note* van maken (dus in je hoofd). Als je ze opschrijft, zul je misschien patronen gaan zien, bijvoorbeeld dat je vaak een gespannen gevoel in je buik hebt als je op je werk bent, maar thuis niet. Of dat je in het weekend vaak hoofdpijn hebt, en een somber gevoel.

Oefening 2: Op zoek naar behoeften

Soms weet je niet wat je in een bepaalde situatie wilt of nodig hebt. Het kan zijn dat je nooit hebt geleerd om je eigen behoeften te herkennen of dat je gewoon oprecht niet weet waar je behoefte aan hebt. Misschien is het je nooit gevraagd. Je moet er dan dus naar op zoek. Dat doe je door je gevoelens te onderzoeken, want onder elk vervelend gevoel ligt een onvervulde behoefte. Als je aan die specifieke behoefte kunt voldoen, ontstaan er fijne gevoelens. Wordt er niet aan voldaan, dan voel je je rot. Als je je rot voelt, kun je je dus afvragen: aan welke behoefte is niet voldaan? En als je je prettig voelt, kun je jezelf de vraag stellen: aan welke behoefte is voldaan?

1. Let deze week eens goed op als je een rotgevoel of gevoel van onrust hebt. Probeer op dat moment te bedenken wat je nodig hebt en schrijf dat elke keer op.
2. Andersom werkt het ook. Probeer deze week als je je goed voelt eens te bedenken aan welke behoefte is voldaan. Schrijf die ook op het lijstje.

Oefening 3: De magische zin van Brené Brown

Ik ben fan van Brené Brown, een Amerikaanse wetenschapper die veel onderzoek heeft gedaan naar schaamte, angst en afwijzing. Zij beschrijft dat je moedig moet zijn om kwetsbaarheid te tonen. Ze zegt dat dit het enige is wat je nodig hebt om verbinding te krijgen met anderen.

Ze geeft ook een mooie verklaring voor wat er vaak gebeurt als we teleurgesteld worden. Je brein gaat dan allerlei verklaringen verzinnen voor die situatie. Die verklaringen leiden vaak naar de ongeluksroute. Op het moment dat je vriend zegt geen tijd te hebben, kan je brein dit (negatief) verklaren door te zeggen: hij vindt mij waarschijnlijk saai en dat komt omdat ik even geen werk heb en hij had liever een succesvolle carrièrevrouw. Dit soort gedachten zijn funest. Het voelt vreselijk. Maar weet dat je brein als reactie op teleurstelling altijd een negatieve verklaring kiest. Het kan helpen om je dat te realiseren. Wat jouw brein jou vertelt kun je ook aan een ander vertellen. Gebruik dan de zin die Brené Brown de 'magische zin' noemt: Het verhaal dat ik mezelf vertel is... Je geeft de ander zo een eerlijk kijkje in je hoofd en dat werkt altijd verbindend. En het komt niet aanvallend over.

Mijn vriendin Suus kwam bij me eten. Ze had net een date gehad met een man van wie ze helemaal onder de indruk was. Alles was leuk aan hem: zijn mond was prachtig, hij stelde precies de juiste vragen, hij had een interessante baan, leuke grapjes enzovoorts. Tijdens ons gesprek liet ze me zijn lieve appjes lezen. Plotseling zag ze dat hij 'aan het typen' was en daar vervolgens mee stopte; wat er ook kwam, geen WhatsAppbericht. Binnen de kortste keren ging ze van over the moon naar volledig depressed. Haar brein begon het feit dat hij stopte met appen op de volgende manier verklaren: hij vindt me waarschijnlijk niet leuk genoeg, ik ben niet mooi genoeg, ik ben te provinciaals voor hem, ik ben niet grappig genoeg, et cetera, et cetera.

In dit geval kan Suus de magische zin als volgt gebruiken. Ze kan haar date als ze hem weer ziet bekennen: 'Ik zat vrijdag naar onze appjes te kijken, toen ik zag dat je aan het typen was en toen stopte je ineens. Ik maakte mezelf wijs dat ik niet leuk, grappig en mooi genoeg voor je was.'

Gebruik de komende week deze magische zin zodat je eerlijk kunt zijn over je gevoelens terwijl je de ander niet beschuldigt. Je bekent gewoon wat er in je hoofd gebeurt zonder dat je het tot De Waarheid maakt.

Oefening 4: Zet je interne 'moetens' wat zachter

Vaak toon je alleen je masker omdat je last hebt van interne 'moetens'. Interne moetens werken als een soort persoonlijk wetboek waaraan je moet voldoen. Het is een soort stemmetje in je hoofd dat altijd bakken kritiek heeft als je niet voldoet aan je persoonlijke wetboek. Je noemt dit ook wel je interne criticus. Misschien draait jouw interne criticus wel overuren. Die stem zegt bijvoorbeeld: 'Nounou, wat doe je weer overdreven' of 'Wat stel je je weer passief op' of: 'Ben je nou weer die verjaardag vergeten?' 'Zo vroeg kan je niet naar huis, dat is suf'.
Deze stem zorgt ervoor dat je de eigenschappen van jezelf die je niet goed vindt moet verbergen, onder een masker. Dat je meer je best moet doen, liever moet zijn, sterker moet zijn: kortom, niet jezelf mag zijn. En zoals ik hierboven al schreef: door je anders voor te doen dan je bent, krijg je niet wat je wilt. Als je criticus sterk aanwezig is, is het goed om jezelf wat mildheid en zelfrelativering aan te leren. Op die manier ontwikkel je meer vriendelijkheid voor jezelf en leg je de focus op je eigen kracht. Je leert jezelf te accepteren zoals je bent: een mens met mooie en minder mooie kanten.

Onderstaande oefeningen kunnen je helpen om meer mildheid, zelfrelativering en zelfcompassie te ontwikkelen.

Lievelingsuitspraken van jouw criticus:

1. Wat zegt-ie nou allemaal?

Leg jouw interne criticus eens onder de loep. Wat zegt hij allemaal tegen je? Waaraan moet je voldoen? Wat vindt hij belangrijk? Welke woorden gebruikt hij? Schrijf alles wat je criticus zegt op zodra hij weer 'toeslaat' (dus wanneer je kritisch op jezelf bent). Na een tijdje zul je de woorden, thema's en zinnen sneller herkennen. Probeer die woorden ('Loser, je moet het beter doen!') ook los te trekken van jezelf. Beeld je in dat je dit soort dingen tegen iemand anders zegt. Want dan zie je ineens die 'kritische persoon' die een emmer ellende over je heen stort als het even tegenvalt, als jij het 'niet goed genoeg' doet. Die naarling prááat tegen jou, je bent het niet zelf. En als dit lukt, creëer je ook ruimte voor een andere, prettigere stem.

Welke woorden gebruikt jouw criticus?

2. Een bijnaam voor jouw criticus

Heb je duidelijk voor ogen wat jouw criticus allemaal zegt en op welke momenten hij zijn grote, vervelende mond opendoet? Geef hem dan een bijnaam. 'De criticus' is een optie, maar een echte naam werkt nog beter: Cruella, Bep, Missknowitall, Ken Kritikus, Barbie: ik heb van alles voorbij zien komen. Het doel van het verzinnen van een bijnaam is om de criticus los van jezelf te zien. Dus niet: 'Ik ben niet knap genoeg', maar: 'Cruella roept weer dat ik niet knap genoeg ben.' Je neemt meer afstand en kunt leren kiezen of je aandacht besteedt aan de stem of niet.

Wat voor bijnaam zou jij jouw criticus geven?

3. De andere stem geef je ook een naam

Nu kun je een andere stem bij het gezelschap in je hoofd halen. Die andere stem staat spreekwoordelijk op je andere schouder (ken je die oude Dubbelfrisss-reclame nog met die twee poppetjes? Zo ziet het er dus een beetje uit). Deze andere stem is een milde stem, die aan zelfrelativering doet. Deze stem zegt dat je goed bent zoals je bent. Deze stem vindt jou gewoon prima, ook als je stomme dingen doet, ook als je soms een avond niks doet, ook als je een verjaardag vergeet. Een soort onvoorwaardelijk lieve stem. Het kan zijn dat die stem veel verder weg is, zo ver dat je hem niet hoort. Als je hem gevonden hebt, kun je vragen wat hij te zeggen heeft. En geef deze stem dan ook een bijnaam: Madelief, Sweety, Roos of Papa zijn bijvoorbeeld namen die ik voorbij heb horen komen.

Hoe zou jij jouw lieve stem noemen? De stem die tegenover de criticus staat?

Vaak helpen deze oefeningen om niet klakkeloos mee te gaan in het gezeur van je kritische stem. Je kunt in moeilijke situaties luisteren naar wat de kritische stem te zeggen heeft, en aan de het milde stem vragen wat hij ervan vindt.

Iedereen heeft een pakketje rare eigenschappen. We hebben allemaal rafelrandjes, gemene trekjes, irreële verwachtingen en verborgen verlangens. Ik ook. De grote winst in mijn leven is dat ik weet hoe fijn het is om mezelf als totaalpakket te accepteren. Dankzij de geluksroute durf ik mezelf nu helemaal aan anderen te laten zien. De leuke en de stomme, gekke kanten. Het voelt veilig als mensen niet alleen mijn keurige, ideale versie kennen en waarderen, maar ook de versie die soms gestrest is, of pusherig. Omgekeerd geniet ik er ook van als de mensen om me heen mij laten zien wie ze werkelijk zijn.

5

Sorrypaadje:
jouw shortcut terug naar de geluksroute

Ai! Je bent op de ongeluksroute beland. Iets liep anders dan je wilde en je reflexen namen het over. Of je dacht dat je goed bezig was, maar je kwam via een dwaalspoor alsnog op de ongeluksroute uit.

Laten we Jan en Joop van *Het Familiediner* weer even als voorbeeld nemen. Op het moment dat Joop Jan corrigeert, barst de bom. Jan voelt zich voor de zóveelste keer terechtgewezen en niet serieus genomen. Zijn fightreflex neemt het over en hij scheldt Joop uit, waarop Joops fightreflex terugscheldt. Vervolgens blijven ze allebei jarenlang wachten tot de ander in beweging komt. Zo worden ze bozer en bozer, gaan elkaar uit de weg en wisselen fight en flight elkaar tien jaar lang bij beide broers af. Geen van beiden bewegen ze, ze buigen niet en zeggen geen sorry. En dat is heel jammer, want het woordje 'sorry' is de geheime shortcut terug naar de geluksroute. Als je sorry kunt zeggen en sorry kunt accepteren zul je veel relaxtere relaties hebben. Elton John (of voor jongere lezers Blue) zingt niet voor niets 'Sorry seems to be the hardest word'. Voor veel mensen is sorry zeggen lastig. Sorry zeggen voelt vaak als toegeven dat je iets fout hebt gedaan, dat je de ander gelijk geeft. Het voelt als verliezen en dus vertik je het. Je gunt de ander geen sorry, omdat het lekkerder voelt om hem de schuld te geven. Als je sorry zegt, geef je toe dat jij ook weleens minder leuk gedrag laat zien en dat kan lastig te verteren zijn voor je ego. Sorry zeggen is verantwoordelijkheid nemen voor je eigen gedrag, en laat dat nou moeilijk zijn in conflictsituaties. Omdat je in de fight-, flight- of freezemodus zit, neem je op die momenten nou eenmaal niet de meest rationele besluiten. Je reageert heel primair, lomp of kinderachtig (of alle drie tegelijk).

Toch is het uitspreken en accepteren van een welgemeend 'sorry' een essentiële vaardigheid. Het is vaak de enige weg terug naar de geluksroute. Met een oprechte 'sorry' los je veel op omdat je daarmee het gevoel van de ander erkent. Als je toenadering zoekt door sorry tegen iemand te zeggen, dan kun je daarna naar elkaars versie van het verhaal luisteren, en als dat lukt kun je kijken waarom het gedoe überhaupt ontstond. Hierdoor wordt het veel makkelijker om eroverheen te stappen en het achter je te laten. En dat maakt de weg vrij naar de geluksroute.

OEPS!

We kennen het allemaal: ineens floept er iets uit wat je helemaal niet meent, zelfs niet *in the heat of the moment*, als je op je allerallerwoedendst bent. Je hebt al spijt op het moment dat je het hebt gezegd. Het is alsof je per ongeluk een boertje hebt gelaten. Ik noem dat een Oeps! Een Oeps! is een soort minisorry: je beseft allebei meteen dat dit een *slip of the tongue* is. Zelfs degene met wie je op dat moment gedoe hebt, weet wel dat je dat niet meent. Het zijn van die uitspraken waar je later allebei hartelijk om kunt lachen. Hier moet je niet te zwaar aan tillen, maar direct de luchtigheid erin brengen. Een Oeps! kan zelfs voordelen hebben: misschien zie je ineens de belachelijkheid van het gedoe waarin jullie samen terecht zijn gekomen. Samen lachen om gedoe doet wonderen.

Hoe zeg je oprecht sorry?

SORRY DAT IK STEEDS LOOP TE SORRY-EN OVER DAT GESORRY

Oprecht sorry zeggen is makkelijker gezegd dan gedaan. Er bestaan namelijk ook een aantal nepsorry's. Kijk maar eens of je een aantal van de onderstaande nepsorry's herkent.

1. *De te-pas-en-te-onpas-sorry.* De sorryzegger zegt te pas en te onpas sorry. Voor alles. Daardoor lijkt het een trucje en neemt niemand zijn sorry meer serieus. Deze klinkt dan ook heel vaak als 'sorry hoor, sorry hoor!'

2. *De slachtoffer-sorry.* De sorryzegger schiet door naar heel zielig doen, een soort 'sorry-dat-ik-besta'. Nu móet de ander de sorryzegger wel gaan redden. Dit wordt weleens 'slachtoffermacht' genoemd. De omgeving van zo'n slachtoffer-sorryzegger is namelijk vaak bezig om het slachtoffer te ontzien.
3. *De dan-vind-je-me-weer-lief-sorry.* De sorryzegger zegt sorry als goedmakertje, zonder het te menen. Hij zegt sorry om weer lief gevonden te worden.
4. *De dan-ben-ik-van-het-gezeik-af-sorry.* De sorryzegger gebruikt 'sorry' met als doel het gezeur te stoppen. Er wordt wel sorry gezegd, maar de ander hoort de sorryzegger er bijna 'zeikerd' achteraan denken. Kinderen zijn hier meesters in (denk aan een kleuter die sorry roept terwijl hij expres een vriendje tackelt).
5. *De voorwaardelijke sorry.* De sorryzegger biedt zijn excuses aan, maar tegelijkertijd verwacht hij dat de ander iets terugdoet, meestal ook sorry zegt. Als dat niet gebeurt, wordt deze voorwaardelijke-sorryzegger boos en verongelijkt.
6. *De sorry-maar.* De sorryzegger zegt meteen 'maar' na 'sorry'. Het woordje 'maar' zorgt ervoor dat alles ervoor zijn waarde verliest. 'Sorry dat ik je dom noemde, maar dan moet je maar niet van die domme opmerkingen maken.' Dit is geen excuus maar een beschuldiging.
7. *De jezelf-weggeef-sorry.* De sorryzegger zegt een groot, alomvattend sorry voor alles. Hij maakt geen onderscheid tussen zijn vervelende gedrag en de inhoud van de situatie. Hij verzuimt hiermee te zeggen dat hij voor een deel nog achter de inhoud staat.
8. *De doe-sorry.* Degene die sorry moet zeggen, zégt geen sorry maar doet iets liefs dat symbool staat voor sorry. Van een bloemetje meenemen tot lekker koken, van een attent appje (zonder sorry) tot een lief grapje.

Welke van de nep-sorry's komt je iets té bekend voor? Geef je ze of krijg je ze?

Deze nepsorry's hebben allemaal een averechts effect. In plaats van dat de twee partijen dichter bij elkaar komen, ontstaat er juist verwijdering, want de ander voelt geheid dat je er geen jota van meent, wat betekent dat je samen weer op de ongeluksroute terechtkomt. Om toenadering te vinden moet je oprécht sorry zeggen.

Geen paniek, met de volgende stappen leer je hoe je oprecht je excuses kunt aanbieden.

Stap 1: Stap in de helikopter

Je zoomt uit en kijkt van een afstandje naar de situatie om te ontdekken wat er precies aan de hand is. Wat is de reden voor jouw reactie? Ga eerst bij jezelf na wat de ander precies deed dat jouw reactie uitlokte en bedenk of het echt met de ander te maken heeft, of meer met jezelf. Hierdoor creëer je afstand tot de emotie en kun je objectiever naar de situatie kijken.

Je bent tijdens de vergadering heel boos geworden op je collega omdat hij zijn deadline niet had gehaald. Je collega is enorm geschrokken en wil niet meer met je praten. Door afstand te nemen ontdek je dat je al chagrijnig van huis vertrokken was omdat het zo'n ochtend was waarop alles misging (verslapen, koffie op, vlek op je witte blouse). Je collega haalt wel vaker een deadline niet, en normaal gesproken zucht je dan even diep en pas je je planning aan. Vandaag had je daar door je slechte start de energie niet voor en reageerde je een beetje overdreven.

Stap 2: Leef je in

De tweede stap is je in te leven in het effect dat jouw gedrag had op de ander. Probeer in zijn schoenen te gaan staan en de situatie te beleven vanuit zijn perspectief. Jouw sorry voelt alleen oprecht als je het meent. Daarvoor heb je dus inlevingsvermogen nodig. Je moet je inleven in de pijn en gekwetstheid van de ander. Misschien zou jij het veel laconieker opvatten, maar voor de ander kan iets veel heftiger zijn.

Je collega is relatief nieuw en best verlegen. Hij moet enorm geschrokken zijn van jouw onverwachte reactie. Je had immers nooit eerder aangegeven dat het verschuiven van een deadline vervelend voor je is. Bovendien kreeg hij jouw woede over zich heen waar de hele afdeling bij was, wat het nog ongemakkelijker maakte.

Stap 3: Zeg sorry

Als je sorry zegt is het belangrijk om onderscheid te maken tussen gedrag en inhoud. Als je ergens sorry voor wilt zeggen is dat eigenlijk altijd voor de manier waarop je een boodschap op de ander hebt overgebracht. Dus je kunt sorry zeggen voor hóe je het zei, terwijl je nog steeds staat achter wát je hebt gezegd. Het is belangrijk je excuses aan te bieden voor de manier waarop het ging en om voor te stellen het later nog even over de inhoud te hebben.

Je gaat de volgende dag naar je collega toe en biedt je excuses aan voor het feit dat je zo heftig reageerde waar iedereen bij zat. Je legt uit dat je een rotochtend had en dat je daardoor overdreven tekeer bent gegaan. Zeg dat je het prettig zou vinden om het later een keer te hebben over het feit dat hij vaak zijn deadlines niet haalt, en over het effect dat dat heeft op jouw werk en je humeur.

Sorry zeggen kan op elk moment van de ongeluksroute, maar het liefst zo snel mogelijk. Als Jan en Joop de dag na de Grote Scheldpartij naar elkaar toe waren gegaan

Kijk eens naar een akkefietje dat je onlangs hebt gehad en volg de drie stappen om terug te keren naar de geluksroute.

en een van de twee had gezegd: 'Sorry man, het liep een beetje uit de hand', dan hadden ze waarschijnlijk een biertje gedronken en was het vergeven en vergeten. Hoe langer je op de ongeluksroute loopt, hoe moeilijker het wordt om sorry te zeggen en te accepteren. Toch is het nooit te laat voor sorry. Al kost het wat meer moeite, het is het altijd waard.

Hoe accepteer ik een sorry?

Sorry zeggen is niet makkelijk, maar sorry accepteren ook niet. Ook om excuses te aanvaarden moet je ergens overheen stappen, en soms is dat te moeilijk. Dan ontstaat het zogenaamde nep-accepteren. Dat is zeggen dat je de excuses aanvaardt, maar stiekem vergeef je de ander niet, waardoor de koe in de sloot steeds ouder wordt, klaar om eruit gehaald te worden. Hier volgen enkele voorbeelden van nep-accepteerders.

1. *De ik-ga-niet-moeilijk-doen-accepteerder.* De accepteerder zegt: 'O joh, maakt niets uit, zand erover', maar bespreekt niet hoe erg het hem gekwetst heeft, want hij wil niet moeilijk doen of zijn kwetsbaarheid tonen. De kans is groot dat hij zegels spaart.
2. *De roddel-accepteerder.* De accepteerder zegt recht in het gezicht van de sorryzegger dat het oké is, maar blijft erover zeuren tegen anderen.
3. *De spirituele accepteerder.* De accepteerder vergeeft iedereen en roept telkens dat het allemaal vergeten en vergeven is. Hij mediteert of yogaat de irritaties weg, overigens net als zijn eigen behoeften.
4. *De voorwaardelijke accepteerder.* De accepteerder accepteert de excuses, maar verwacht er wel iets voor terug. Dus in ruil voor de acceptatie moet de sorryzegger nu of later iets terugdoen.

Kun jij sorry goed accepteren? Of herken je je in een van deze neppers?

Om sorry écht te accepteren moet je je boosheid of verdriet aan de kant zetten en de ander vergeven. Als dit je lukt kun je meteen weer de geluksroute op. Vergeven is: het iemand niet meer kwalijk nemen dat hij iets vervelends heeft gedaan, het kwijtschelden. Je moet het grote plaatje weer zien en niet het detail dat dat verpest. Dus, even praktisch, zie je beste vriend weer als die gast met al die goede eigenschappen. Pin hem niet vast op die ene keer dat hij lullige dingen over je heeft gezegd achter je rug om. Om je te helpen bij het accepteren van sorry heb ik ook hier een stappenplan voor gemaakt.

Stap 1: Luister naar de ander

Klinkt als een open deur, maar als iemand sorry tegen je wil zeggen moet je eerst luisteren, zodat hij er de ruimte voor krijgt. Maar ja, heel vaak zit je met weerstand en boosheid; de ander heeft je tenslotte gekwetst. Toch is het belangrijk om je ertoe te zetten om echt te luisteren. Dwing jezelf om je goed op de ander te focussen en je eigen verhaal te parkeren. Onderbreek hem niet en blijf doorademen (adem in, adem uit).

Stap 2: Leef je in in de ander

De stap na luisteren is je in te leven in het verhaal van de ander, hoe moeilijk dat misschien ook is. Stel vragen: hoe was het voor jou? Wat gebeurde er? Hoe voelde jij je? Wat was de aanleiding?

Stap 3: Lik je wonden/Let it go

Na het zeggen van sorry is het niet altijd meteen goed. Gun jezelf de tijd om te verwerken wat er gebeurd is. Je kunt daar ook om vragen. Op die manier accepteer je de sorry en geef je jezelf de gelegenheid om je wonden te likken. De uitdrukking ‘Tijd heelt alle wonden’ is zeer toepasselijk. Als je een poosje wacht, wordt alles minder pijnlijk en minder intens, en makkelijker om achter je te laten.

Toen ik net verliefd was kon ik niet wachten om mijn nieuwe liefde voor te stellen aan mijn beste vriendin. Alleen liep die avond totaal niet zoals ik had gepland. Mijn vriendin had al een bepaald idee over hem en begon een kruisverhoor. Hij moest zich enorm verdedigen en van een gezellig borrelavondje was al snel geen sprake meer. De volgende dag schaamde ik me voor haar maar ik was er ook best verdrietig over. Mijn vriendin had spijt. Ze belde me en bood haar excuses aan. Ze voelde zich verschrikkelijk schuldig en baalde enorm over hoe het was gelopen. Ik bleef boos, maar besloot toch naar haar te luisteren (stap 1). Ze legde uit dat ze bang was om mij te verliezen en daarom te kritisch was geweest op mijn geliefde. Ook was ze bang dat hij mij pijn zou doen en dat wilde ze voorkomen. Maar ze zag ook dat de avond helemaal niet was gelopen hoe zij had gewild. Ik voelde me nog steeds boos, maar kon me ook inleven in haar. In het feit dat ze bang was me kwijt te raken (stap 2). Wat nog meer hielp: ik dacht aan wat zij en ik samen hebben: een jarenlange vriendschap. Ik ken haar al zo lang dat ik weet dat ze me nooit expres zou kwetsen. Het duurde even, maar daardoor kon ik haar excuses accepteren.
En tuurlijk was ik het niet meteen vergeten (stap 3), maar na een paar weken verdween die stomme avond helemaal uit mijn systeem. Inmiddels kunnen we er zelfs om lachen.

1. Luister naar de ander.

2. Leef je in in de ander.

3. Lik je wonden/ Let it go.

Als het niet lukt om sorry te accepteren

Helaas, soms heelt de tijd niet álle wonden en ben je te erg gekwetst. Ook dan helpt het om het toch eerlijk te bespreken, op een respectvolle manier. Vertel de ander dat het je niet goed lukt om zijn excuses de te accepteren.

Sorry zeggen wordt vaak verward met buigen. Zo wordt sorry accepteren vaak verward met de ander gelijk geven.

De werkelijkheid is dat 'sorry' juist deuren opent.

Het moment dat iemand sorry zegt of sorry accepteert is er weer ruimte voor begrip, warmte, acceptatie, vriendelijkheid. Het gesprek kan weer hervat worden. Sorry is niet alleen 'the hardest word', maar misschien wel 'the best and the bravest word'. Als je goed bent met sorry's, wordt je leven een stuk makkelijker en leuker.

Complimenten: de smeerolie van de geluksroute

Complimenten zijn de smeerolie van de geluksroute. Complimenten krijgen en geven werkt altijd. De ander verzacht erdoor en iedereen klaart ervan op. Alles wordt ook makkelijker bespreekbaar als je je gewaardeerd voelt, want dan reageer je minder snel met de reflexen fight, flight en freeze. Mijn compagnon Nadia en ik geven elkaar graag complimenten. Nu ik erover nadenk: dat doen we eigenlijk dagelijks. Al die complimenten zorgen ervoor dat als Nadia een keer kritiek heeft op mij, die landt op een heleboel dingen die ze wél waardeert. Hierdoor kan ik opmerkingen van haar goed hebben en dit geldt andersom ook.

Maar waaróm werken complimenten zo goed? Simpel. Omdat je je gewaardeerd voelt als je een compliment krijgt. Omdat complimenten je zelfbeeld versterken. Omdat complimenten het centrum in je brein activeren dat dopamine aanmaakt, wat een goed gevoel veroorzaakt. Omdat een compliment krijgen het beste in je naar boven haalt. Bovendien krijg je op jouw beurt door het geven van complimenten meer oog voor de goede kanten van de ander; zelf word je er dus ook blijer van. Desondanks zijn mensen toch vaak geneigd om negatieve dingen het eerst te benoemen.

Wist je dat tegenover iedere negatieve opmerking, elk verbeterpunt of puntje van kritiek, vijf (echt waar, 5!) complimenten moeten staan om de verhouding weer een beetje recht te trekken? Het brein is namelijk bijzonder goed in het opslaan van negatieve woorden of gedrag, die hebben een veel grotere en langere impact dan complimenten of positief gedrag. Je kent het zelf vast ook wel, als je een beoordelingsgesprek hebt gehad met je leidinggevende, dat je daarna alleen de minpunten onthoudt en

Geef jij op je werk complimenten? En bedenk ook eens: wie geef je eigenlijk nooit een compliment?

Waarvoor zou jij je partner (of iemand anders in je naaste omgeving) best vaker een compliment kunnen geven?

niet al je pluspunten. Het krasje op de relatie dat ontstaat door negatieve feedback kan lang blijven zitten, zeker als daar niets positiefs tegenover staat. Dat betekent dus dat als je tegen je collega zegt dat je vindt dat het stuk dat hij stuurde niet goed genoeg was, daar vijf waarderende opmerkingen tegenover moeten staan.

Als je dat al veel vindt: in een liefdesrelatie is de verhouding zelfs één op acht! Jouw partner heeft dus maar liefst acht compensatiecomplimentjes nodig als je weer eens tegen hem hebt gesnauwd dat klagen over zijn werk niets oplost. Dat lijkt misschien overdreven voor ons, nuchtere Nederlanders, maar wie krijgt er ooit genoeg van positieve geluiden over zichzelf?

Het lijkt zo vanzelfsprekend om een complimentje te geven als iets goed gaat. Toch doet bijna iedereen dat te weinig. Ik sprak vorige week de directeur van een groot bedrijf waar al een tijd problemen zijn. Door fouten van zijn voorganger maken ze weinig winst. Hij vertelde over zijn werk en dat het natuurlijk geen tijd is om champagnekurken te laten ploppen. Dat voelt niet goed, zei hij. Hij merkte natuurlijk wel dat zijn werknemers behoefte hebben aan complimenten als er weer eens een target gehaald was, maar hij zei: 'Ja, hoor eens, als ik de hele tijd met complimenten strooi, geef ik een verkeerd signaal af. We lijden namelijk verlies! Ze moeten niet achterover gaan leunen en denken dat het prima met ons gaat.' Begrijpelijk, maar wel zonde dat zijn medewerkers nu zonder complimentjes door het leven moeten, het zou een eenvoudige manier zijn om ze beter te motiveren in een moeilijke periode.
Complimenten geven is dus altijd een goed idee, mits ze oprecht zijn. Er zijn twee soorten complimenten die dat niet zijn en dus ook niet werken. De ander voelt dat, en dan werkt zo'n compliment zelfs averechts. Niet doen dus.

1. Voor-wat-hoort-wat-complimenten. Complimenten waarvoor (uiteindelijk) iets wordt terugverwacht. Je kunt zo goed schrijven, wil jij deze mail opstellen? Jij bent zo goed met klanten, kun jij deze vervelende vent terugbellen? Ik had eens een collega, Angelique, die blijkbaar veel van dat soort complimenten gekregen had, want als je haar zei dat ze er leuk uitzag, antwoordde ze altijd: 'Wat moet je van me?'
2. Nep-complimenten. Complimenten die met iets positiefs beginnen, maar gevolgd worden door een 'maar'. Je kunt heel goed schrijven maar het is wel heel wollig en uitgebreid. Een vriendin van me kreeg eens op een werkborrel van een stagiair te horen: 'Jij bent wel heel knap voor een dik iemand.'

Er zijn voorwaardelijke en onvoorwaardelijke complimenten. Als je zegt: 'Wat fijn dat je iets lekkers voor me hebt meegenomen' of: 'Wat goed dat je zoveel tijd in deze presentatie hebt gestoken', dan geef je een compliment over iemands gedrag, dus een voorwaardelijk compliment.
Er zijn ook onvoorwaardelijke complimenten, die gaan veel meer over iemands zijn, en niet alleen over gedrag. Bijvoorbeeld: 'Wat fijn dat je er bent' en 'Wat ben ik toch dol op je'.
Dan heb je ook nog de '*hidden treasures*' en 'gebaande paden'. Een gebaandepadencompliment heeft iemand al vaker gekregen. Voorbeeld: 'Wat kun jij toch goed koken' (tegen een kookfanaat) of 'Wat spreek jij mooi Duits' (tegen je vriendin die opgroeide in Berlijn). De ontvanger voelt zich heus gevleid, maar hoort niets nieuws. Complimenten over dingen waarvan de ander zich niet bewust was, de hidden treasures, doen veel meer. Als je zegt: 'Wat ben jij een ontzettend creatieve denker' of 'Wat kun jij levendig vertellen', dan hoort de ontvanger misschien iets nieuws over zichzelf. Dat komt veel meer binnen.

Ik zou iedereen op het hart willen drukken: geef complimenten. Zo veel en zo vaak mogelijk.

Zoek de hidden treasures.

Dat soort complimenten geven iemand écht een goed gevoel. Durf het, spreek ze uit! Neem de proef op de som: geef iedereen die je de komende week ziet — partner, kinderen, collega's, vrienden, de aannemer — telkens een gemeend compliment. Hou dit een week vol en noteer wat je opvalt.

Complimenten maken gelukkig. Ze zijn de smeerolie van elke relatie. En als bonus: wees je er maar eens goed van bewust hoe jij je voelt als je iets liefs zegt tegen iemand...

6

De pitstop: stoppen met vechten

Je bent beland bij de eerste stap op de geluksroute. Er is iets gebeurd wat niet leuk is, iemand heeft iets gedaan wat jij belachelijk of onbegrijpelijk vindt of totaal niet had zien aankomen. Je had de neiging boos te worden, te roddelen of af te haken. Maar... je hebt ervoor gekozen je reflexen links te laten liggen en de eerste stap te zetten. In dit hoofdstuk leer je hoe die eerste stap eruitziet.

Welk gedrag van anderen vind jij heel stom of onbegrijpelijk?

Het is een pitstop. Je stopt en kijkt wat er aan de hand is. Je stopt met vechten tegen de werkelijkheid. Je houdt dus op met jezelf en anderen te vertellen dat het anders had moeten zijn. Het zou natuurlijk heerlijk zijn als iedereen altijd lekker doet wat jij wilt. Dat iedereen zich gedraagt volgens jouw normen. Maar ja, zo gaat het niet in het leven. Vaak loopt het anders dan je wilt. Mensen luisteren niet naar je, komen afspraken niet na, doen asociaal of onbeleefd, noem maar op.

Als je in zo'n geval luistert naar je reflexen, sla je af naar de ongeluksroute. Maar je kunt ook kiezen voor de geluksafslag. Dan stop je met strijden tegen de werkelijkheid, maar neem je die zoals ze is. Je stopt met jezelf en anderen vertellen dat de situatie anders zou moeten zijn.

Laatst had ik een reünie-etentje voor ouders van de basisschool van mijn kinderen en ik kwam precies verkeerd te zitten. Je kent het vast wel. Dat je van alle plekken waar je op zo'n avond terecht zou kunnen komen, naast de enige persoon in de ruimte belandt die wat jou betreft deze festiviteit in haar geheel had mogen skippen? Ik zat die avond naast Douwe, een pas gescheiden vader die ik al acht jaar ken en die ik altijd al zwaar op de hand heb gevonden. Hij zat weer lekker op de praatstoel en hield maar niet op over zijn ex, die in zijn ogen hun huwelijk geen kans had gegeven, dat ze zo'n selfish bitch *was, dat hij dit nooit achter haar gezocht had, et cetera, et cetera. Ik deed nog wat lafhartige pogingen om een ander onderwerp aan te snijden, maar tevergeefs...*

Saskia woonde met haar gezin in Amsterdam-Zuid. Ze genoot van hun rijke sociale stadsleven. Voor het werk van Bob verhuisden ze naar een dorp in het zuiden van het land. Ze mist haar vriendinnen en de vele uitjes. Vooral op druilerige dagen wordt ze gek van verveling en denkt ze met weemoed terug aan Amsterdam. Ze klaagt tegen haar man Bob en doet vaak onaardig, omdat hij naar dat gat wilde verhuizen. Bob vindt haar maar een aansteller. Hij snapt niet dat ze hier zo in blijft hangen. Hij probeert haar telkens te laten inzien hoe goed ze het hebben. In wat voor kast van een huis ze wonen, met alles wat haar hartje begeert. Dat ze hier toch ook naar etentjes en feestjes kunnen. Hij ergert zich aan haar prinsessengedrag en vindt dat ze er gewoon het beste van moet maken. Saskia op haar beurt vindt dat Bob meer begrip voor haar moet hebben.

Vechten tegen de werkelijkheid

Wat Bob en Saskia doen is maar blijven vechten tegen de werkelijkheid. Ze vinden dat die er anders had moeten uitzien. Ze zijn boos op elkaar. Saskia is boos omdat Bob haar niet begrijpt. Bob is boos omdat zijn vrouw niet gelukkig is en tegen hem klaagt.

Voor Douwe, de gescheiden vader op de reünie, geldt hetzelfde. Hij kan hij zich er niet bij neerleggen dat zijn ex-vrouw niet meer de vrouw is met wie hij ooit trouwde.

Vechten tegen de werkelijkheid is tegen jezelf zeggen: dit zou niet zo mogen zijn. Door het vechten raak je gefrustreerd en word je chagrijnig. Dit is de ongeluksroute. Vechten tegen de werkelijkheid is net zo zinloos als boos worden op de wolken als het regent.

Mopperverhalen

Je merkt vaak dat je aan het strijden bent tegen de situatie als je telkens hetzelfde mopperverhaal zit te vertellen. Mopperverhalen klinken een beetje slachtofferig. Je geeft de ander vaak de schuld van hoe jij je voelt en je klinkt verongelijkt, boos of teleurgesteld. Je probeert met mopperverhalen je gelijk te halen: jij zit goed, de ander zit fout. Je hebt vaak niet eens door dat het bakken met energie kost om dit verhaal — dat je niet meer kunt beïnvloeden omdat het nou eenmaal al is gebeurd — te blijven vertellen, als een langspeelplaat met een kras. Niet alleen mopperverhalen vertellen is vermoeiend. Ook het luisteren naar deze verhalen slurpt energie.

Wat is jouw favoriete mopperverhaal? En dat van je partner of collega?

Stop met vechten!

Een cruciale stap op de geluksroute is dan ook deze pitstop: stoppen met vechten. In plaats daarvan zeg je: 'Dit is mijn realiteit.' Dat is nou eenmaal zo. Soit. Het is wat het is. C'est la vie.

Nu denk je misschien: eh hallo, wacht effe, moet ik dan alles maar gewoon accepteren? Ik merk dat er weleens weerstand ontstaat als het gaat over 'stoppen met vechten'. Dan krijg ik de volgende reacties:

- Moet ik het dan maar gewoon over mijn kant laten gaan?
- Als ik alles maar gewoon accepteer, dan verandert er nooit niets.
- Maar ik kan dit toch niet toelaten?

Dat bedoel ik ook niet. Ik zeg niet dat je je overal bij neer moet leggen. Zeker niet! Het is alleen effectiever als je niet al je energie steekt in de strijd tegen de werkelijkheid. Het resultaat is meer rust. Vanuit die rust kun je bedenken welke geluksstap je hierna kunt en wilt zetten.

IN HOOFDSTUK 8 LEES JE HOE JE EEN GELUKSSTAP KIEST.

Iedereen heeft weleens van die gedachten die feitelijk 'vechten tegen de werkelijkheid'-zinnen zijn. Bijvoorbeeld:

- Ik zóu ook een vriend moeten hebben, als je weer als enige van je broers en zussen alleen aanschuift bij het kerstdiner bij je ouders.
- Mijn vriend zóu attenter moeten zijn, als je vriend weer niks leuks heeft geregeld voor jullie jubileum.
- Mijn baas zóu moeten zien wat ik allemaal doe, als je geen credits krijgt voor de opdracht waar je je volledig voor uit de naad hebt gewerkt en waarvan je hoopte dat die je een promotie zou opleveren.
- Mijn vriendin zóu ook een keer kunnen trakteren, als je voor de zoveelste keer je portemonnee trekt bij een etentje omdat je vriendin zoals altijd doet alsof haar neus bloedt als de rekening op tafel komt.

Welke vechten tegen de werkelijkheid-zin hoor jij vaak in je hoofd?

Als je je op zulke zinnen betrapt, buig die dan meteen om in 'stoppen met vechten'-zinnen:

- Ik heb deze Kerst geen vriend.
- Mijn vriend regelt minder leuke uitjes dan ik zou willen.
- Mijn baas is slecht in complimentjes geven.
- Mijn vriendin betaalt de rekening niet uit zichzelf.

Douwe kan in plaats van het mopperverhaal over zijn bitchy ex ook denken: het is zo, mijn ex valt me enorm tegen. Bob kan denken: mijn vrouw is ongelukkig en klaagt. En Saskia kan denken: mijn man begrijpt mijn onvrede nou eenmaal niet. Jan kan tegen zichzelf zeggen: Joop heeft

telkens kritiek op hoe ik klus. Dit is altijd beter dan anderen lastigvallen met je mopperverhaal. Want — niet lullig bedoeld — dat klagen en zeuren zorgt ervoor dat mensen geen zin in je hebben. En je wordt sowieso ook moe van jezelf.

Het lijkt een klein stapje, maar dit 'trucje' levert superveel op. In plaats van te vechten of te balen van de werkelijkheid, zie je de feiten voor wat ze zijn. En dat brengt rust, omdat je niet continu in je hoofd het mopperverhaal loopt af te draaien.

Cindy vertelde me dat haar buren regelmatig klagen over de trampoline die in haar tuin staat. Ze vinden het enthousiaste gegil en geschreeuw van de kinderen heel irritant. En tja, kinderen hebben nu eenmaal een niet-aflatende stroom energie: Cindy's kinderen (en hun vele vriendjes) houden het uren vol op dat ding. Ze maken daarbij inderdaad wel veel verbale herrie, maar kom op: het zijn kinderen. De buren blijven er maar over piepen en Cindy heeft daar last van. Cindy vindt het trouwens ook overdreven, want de kinderen vertonen hun gymnastische kunsten alleen overdag en alleen op christelijke tijdstippen. Ze ging bij vriendinnen en andere buren verhaal halen en die waren het roerend met haar eens, waardoor ze nog gefrustreerder raakte. Op een gegeven moment zette ze een grote stap door te stoppen met vechten tegen de werkelijkheid: Ik heb buren die de herrie die mijn kinderen maken echt niet accepteren. Elke keer als ze weer boos werd (fight) zei ze tegen zichzelf: Dit is mijn werkelijkheid. Soit.

Oefeningen in het stoppen met vechten

Oefen de komende dagen eens met het stoppen met vechten in situaties die anders lopen dan je graag zou willen. Je kunt het in allerlei situaties uitproberen: bij grote dingen die je al jaren dwarszitten of kleine dingen die je pas net zijn opgevallen. Van een collega die jou geen gedag zegt in de trein terwijl hij je zéker wel gezien heeft, tot een grote ruzie met je partner, die zich niet gedraagt zoals jij zou willen. Schrijf al die situaties eens op en kijk wat dat oplevert.

In welke situaties die anders lopen dan je zou willen, kun je stoppen met vechten?

1.
2.
3.
4.
5.

Ik kwam laatst terug van vakantie en had echt zin in een avond qualitytime met mijn kinderen. Ik zag ons al voor me, gezellig spelletjes doen en bijkletsen. Ik had ze gemist. Toen ik thuiskwam, zat mijn zoon te chillen bij een vriend en hing mijn dochter vanaf het moment dat ik voet over de drempel zette de hele avond met haar vriendinnen aan de telefoon.

Maak jezelf nu eerst eens slachtoffer van deze situaties en schrijf (lekker overdreven) op hoe dat voor je voelt. Boehoe, arme jij.

1.
2.
3.
4.
5.

In mijn geval: *Belachelijk dat mijn kinderen alleen maar met zichzelf bezig zijn. Mijn zoon wist toch dat ik kwam en kon toch wel heel even thuisblijven? En mijn dochter kan de hele dag bellen met vriendinnen, waarom moet dat per se nu?*

Pas nu de stoppen-met vechtentechniek toe en kies een nieuwe zin. Schrijf die op.

1.
2.
3.
4.
5.

In mijn geval: *Het is wat het is. Mijn kinderen hebben geen zin in een spelletje met mij, maar zin in hun vrienden.*

Schrijf nu op wat het effect op je is, op je gevoel, gedrag en gedachten.

1. ....

2. ....

3. ....

4. ....

5. ....

Bij mij was dat bijvoorbeeld: *Ik ben een beetje teleurgesteld, want ik had een andere verwachting van de avond.*

Na het toepassen van deze techniek, als je gestopt bent met vechten, ben je toe aan de volgende stap op de geluksroute: je doet de hoe-kan-dit-analyse en vervolgens kan je een geluksstap zetten.

In alle relaties gebeuren vervelende dingen. Iedereen is anders, dus mensen doen regelmatig iets wat in onze ogen niet goed is. Iemand doet je pijn, heeft een andere mening, schenkt je geen aandacht. Je hebt dan snel de neiging om daar met anderen over te praten, omdat we denken dat het helpt als zij er net zo over denken als wij. Maar het werkt niet. Klagen en boos zijn over stom gedrag van anderen vreet energie en levert niets op.

Stop met mopperverhalen, stop met vechten tegen je werkelijkheid. **Want van klagen is nog nooit iemand beter geworden.**

7

Uitkijkpunt: hoe-kan-dit?

Ho. Stop. Tijd voor een pauze en overzicht vanuit het uitkijkpunt. Even rust nemen en op adem komen. Op de geluksroute is stoppen bij een uitkijkpunt nodig omdat je daarmee ruimte creëert. Hierdoor kun je de situatie van een afstandje objectief bekijken. Je neemt even de tijd om na te denken wat er nou precies gebeurde tussen jou en de ander. Op die manier verdwijnen emoties meer naar de achtergrond en kun je beter zien welke actie van jou welk effect heeft op de ander. En natuurlijk ook welk gedrag van de ander effect heeft op jouw gedrag. Bij gedoe is er namelijk altijd sprake van een actie en een reactie. Als je op het uitkijkpunt stilstaat analyseer je het gedoe: 'Hoe-kan-dit?'.

Hoe-kan-dit?

Gedrag roept gedrag op. *As simple as that*, daar ontkom je niet aan. Wat jij doet, heeft altijd effect op de ander. De ander reageert op jou en dat heeft weer effect op jouw gedrag. Een reactie op jouw actie kan een positieve uitwerking hebben, maar ook een negatieve.

Vanmorgen belde ik al nagelbijtend Nadia over mijn financiële zorgen door het vertrek van onze grootste klant. Ik lag al nachten te woelen om de aderlating die dat betekent voor ons bedrijf en de mogelijke gevolgen daarvan. Ik zei tegen Nadia dat ik bang was (actie). Zij hield zoals altijd het hoofd koel en bleef heel rustig (reactie). Praktisch als ze is, bedacht ze meteen stappen die we in de komende periode konden nemen om te voorkomen dat we echt grote verliezen lijden (actie). Hierdoor gingen mijn schouders meteen tien centimeter naar beneden en ebde mijn angst weg (reactie). Dit is de positieve hoe-kan-dit-cirkel.

Voordat ik Nadia belde had ik mijn zorgen al bij mijn vriend geuit (actie). Hij werd ook een beetje zenuwachtig door mijn doemscenario en begon de feiten en consequenties van dit verlies op te sommen (reactie). Hierdoor raakte ik nóg meer in paniek en snauwde half hyperventilerend: 'Ja, dit helpt dus niet!' (actie). Hij raakte geïrriteerd; hij bedoelde het immers goed en probeerde heel hulpvaardig met me mee te denken, en liep weg (reactie). Hier pakt de hoe-kan-dit-cirkel duidelijk iets negatiever uit.

STOP!

Op het uitzichtpunt vraag je je dus af: hoe-kan-dit? Je begint met de vragen die gaan over jezelf. Hier kijk je alleen maar naar jouw eigen aandeel. Je kunt dit in je hoofd doen, maar je kunt het ook opschrijven. Je zult zien dat hoe meer hoe-kan-dit-cirkels je hebt bekeken, hoe bedrevener je erin zult worden. Als je veel oefent ken jij straks jouw patronen zo goed, dat het analyseren steeds makkelijker gaat en je in staat bent om met een grote boog om de ongeluksroute heen te lopen.

Nadat je naar je eigen aandeel hebt gekeken, kijk je naar het (mogelijke) effect op de ander en de situatie. Hiervoor verplaats je je in de ander, of vraag je hem of haar ernaar. De laatste stap is bedenken wat het effect van het gedrag van de ander op jou is.

Soms is het makkelijker om bij het gedrag van de ander te beginnen, en dan de overstap te maken naar jezelf.

Hoe werkt de hoe-kan-dit-cirkel?

Vragen over jezelf

a. Wat doe ik? Wat denk ik? Wat voel ik?

Kijk objectief naar jouw gedrag in de situatie. Wat deed je nou eigenlijk? Het is belangrijk om je gedachten en gevoelens onder de loep te nemen, zonder de ander de schuld te geven of aan te merken als Bron van alle Kwaad. Dat is lastig, zeker als je bang of verdrietig bent of iemand het liefst een harde rechtse zou geven. Probeer daarom de situatie eens af te spelen alsof die door een camera is vastgelegd. Registreer op die manier ook je eigen gedachten en gevoelens: merk ze op, maar laat je er niet door meeslepen.

b. Heb ik zegels gespaard en ben ik mogelijk op een dwaalspoor beland?

Nu kijk je naar de mogelijke oorzaken van het gedoe. In sommige gevallen blijkt dat het bij nadere inspectie bij jou begonnen is en helemaal niet bij de ander, bijvoorbeeld doordat bepaalde frustraties van jou goed contact met de ander in de weg zitten. Het kan zijn dat jij al een tijdje zegels aan het sparen bent omdat je op een dwaalspoor beland bent. Het kan zijn dat je de jaknikker in jezelf herkent en dat je al lange tijd geen grenzen hebt aangegeven. Of dat je al een poosje de superman aan het uithangen bent, of al je hele leven je ware ik verbergt achter een masker. Op de dwaalsporen spaar je zegels, die je probeert in te wisselen zodra de reflexen het overnemen. Dit zie je terug in de hoe-kan-dit-cirkel. Als je doorhebt dat je op een dwaalspoor zit en dat je zegels aan het sparen bent, ga je onderzoeken wanneer het is begonnen. Soms moet je verder terug dan je denkt, want een dwaalspoor kan in eerste instantie lijken op de geluksroute.

HOE ZAT HET OOK ALWEER MET ZEGELS SPAREN EN DE DWAALSPOREN? LEES DE HOOFDSTUKKEN 2, 3, 4 EN 5.

c. Is het een incident of een patroon?

Heb je een situatie als deze vaker bij de hand gehad? Herken je gedachten of gevoelens? Overkomt het je vooral bij een bepaald persoon, of ook bij anderen? Zie je een patroon? Nu wordt het interessant. Wie weet kom je erachter dat je wel vaker zegels spaart; wat kun je doen om dat te veranderen?

(Mogelijk) effect op de ander

Ga na wat het effect is van jouw gedrag op het gedrag van de ander of op de relatie. Leef je in in de ander. Misschien heeft de ander al eens iets verteld over zijn motieven, beweegredenen, maar soms zul je ernaar moeten gissen of er gewoon naar moeten vragen.

Vragen over de ander

Nu maak je het gedrag van de ander concreet. Wat doet en zegt de ander?
Vervolgens is het tijd om je te verplaatsen in zijn gevoelens of gedachten. Wat zou de ander kunnen voelen en denken? Wat weet je hier al over? Uiteraard kun je het de ander ook weer gewoon vragen. Je kan kijken of je een mogelijk dwaalspoor bij de ander ontdekt. Misschien spaart de ander al een tijdje zegels. En het laatste wat je bij deze check doet is je afvragen of het gedrag iets eenmaligs was of dat er sprake is van een patroon.

Effect op jou

Ga bij deze stap na wat het effect is van het gedrag van de ander op jou. Wat voel jij bij het gedrag van de ander, wat denk jij en hoe reageer jij? En wat is vervolgens het effect daarvan op jullie relatie?

Toen ik met mijn vriend had gepraat over mijn financiële zorgen na het verlies van mijn grote klant en hij het in mijn ogen alleen maar erger maakte, zei hij: 'Weet je wat? Laat maar, zoek het lekker uit!' en ging naar zijn werk. Het effect op mij was dat ik schrok van zijn reactie en hem vervolgens lieve appjes ging sturen.

Een voorbeeld van de hoe-kan-dit-cirkel

Ik licht de hoe-kan-dit-cirkel even toe met het verhaal van Ilse en Daan. Hierna kun je zelf aan de slag om de cirkel in te vullen.

Ilse is al sinds haar studententijd samen met Daan. Ze hebben vier kinderen, beiden een drukke baan en een druk sociaal leven. Daan is superstabiel en heel zorgzaam, Ilse een chaotische stresskip. Ze kan bij vlagen zoveel stress hebben dat ze hijgend dag en nacht doorwerkt. Alles moet wijken: ze kan niet meer slapen en doet niets meer in huis. Daan neemt op die momenten wat meer van haar over. Hij doet boodschappen, regelt alles met de kinderen en houdt Ilse uit de wind. Dit gaat al jaren zo. Goed geregeld, zou je denken, maar de laatste tijd gaat het niet zo goed tussen hen. Ilse ergert zich steeds vaker aan Daan, die zelf een pittige tijd op het werk heeft en sowieso niet zo lekker in de wedstrijd lijkt te zitten. Tussen de lakens gebeurt er nauwelijks nog wat en ze kibbelen veel meer dan anders. Daan moppert dat Ilse niets doet in huis en Ilse wordt — what else is new — opgeslokt door een enorme klus op haar werk. Ilse wordt gek van Daans gezeur over het huishouden; zo netjes hoeft het allemaal niet, vindt ze. Je mag best zien dat er geleefd wordt, toch? Ilse vindt het geen wereldramp als er eens een weekje niet gestofzuigd wordt en er een paar keer soep uit blik of pizza wordt geserveerd als avondeten. Daan vindt het echter wél belangrijk dat het huis schoon en opgeruimd is en dat de kinderen een gezonde maaltijd voorgeschoteld krijgen. Hij probeert het gesprek met Ilse aan te gaan, maar die heeft een miljoen andere dingen aan haar hoofd en wuift hem weg.

Als Ilse de hoe-kan-dit-cirkel doorloopt ziet dat er als volgt uit:

Vragen over Ilse

a. Wat doet Ilse? Wat denkt Ilse? Wat voelt Ilse?

Ilse erkent dat ze weinig doet in het huishouden en heel veel tijd aan haar werk besteedt (gedrag). Als Daan tegen haar zegt dat hij wel wat hulp kan gebruiken met de huishoudelijke taken, denkt ze: man, zeik niet zo en laat me met rust, je ziet toch dat ik het druk heb? (gedachte). Door al haar werk én de bijkomende stress die ze voelt door Daans pogingen om het gesprek over de verdeling van het huishouden aan te gaan, staat ze vrijwel constant onder hoogspanning en voelt ze zich geïrriteerd (gevoel).

b. Wat is een mogelijke oorzaak: is Ilse op een dwaalspoor beland? Heeft ze zegels gespaard?

Ilse zit al een poosje op het maskerdwaalspoor. Ze vindt eigenlijk al lang dat Daan een pietje-precies is en denkt telkens: maak je niet zo druk. Toch houdt ze het masker op van 'lieve vriendin'. Iedere keer als Daan een opmerking maakt over de vuilniszakken die nog in de gang staan 'terwijl Ilse die net zo goed even mee had kunnen nemen toen ze naar haar werk ging', vreet Ilse zich op, maar ze spreekt dat niet uit. Ze spaart zegels...

c. Is er sprake van een incident of een patroon?

Het maskerdwaalspoor herkent ze volledig: in vriendschappen en op haar werk spreekt ze haar ergernissen ook niet uit. Ze wil liever aardig gevonden worden en is bang dat mensen haar lastig vinden als ze zich uitspreekt.

Mogelijk effect op Daan

Ilse kan zich best voorstellen dat het feit dat ze een workaholic en een stresskip is effect heeft op Daan: hij maakt zich vaak zorgen over haar. Ze ziet in dat hij zich daardoor geroepen voelt om extra taken op zich te nemen in het huishouden en dat dat hem soms de keel uit hangt. Ook realiseert ze zich dat hij haar irritatie opmerkt als hij zijn gevoel hierover uitspreekt. Ook weet ze dat het feit dat ze laat merken dat ze hem soms een zeurkous vindt, de boel er in huis niet vrolijker op maakt.

Vragen over Daan

1. Wat doet Daan? Wat denk je dat Daan voelt? Wat denk je dat Daan denkt?

Ilse verplaatst zich in Daan. Welk gedrag vertoont Daan nou eigenlijk? Daan moppert veel op Ilse, hij vindt dat ze meer aan het huishouden moet bijdragen. Hij lijkt steeds pietluttiger te worden, waardoor hij de neiging heeft van een mug een olifant te maken. Zo wordt het huishouden voor hem ineens een superbelangrijke olifant. Hij krijgt het niet voor elkaar om te relativeren. Als Ilse zich verplaatst in Daan, vermoedt ze dat hij vaak denkt: Ilse ziet niet wat ik allemaal voor mijn rekening neem. Ze neemt het allemaal voor lief en is totaal niet dankbaar. Waarschijnlijk is hij daar verdrietig en boos over.

2. Wat kan een oorzaak zijn?

Daan is een typische superman. Hij staat voor iedereen klaar en neemt vaak de verantwoordelijkheid van anderen over. Dat heeft hij ook heel lang voor Ilse gedaan. Hij steunde en ontlastte haar altijd, met liefde. Maar nu hij zelf meer aan zijn hoofd heeft is de maat vol en lijkt hij zich slachtoffer te voelen. Hij heeft veel zegels gespaard.

Ook ziet ze dat Daan ook met een masker leeft. Hij wil altijd de losse, relaxte man zijn die niet moeilijk doet. Daardoor heeft hij waarschijnlijk lang niet gezegd wat zijn behoeften zijn.

3. Is het een incident of een patroon?
Ilse ziet dat Daan vaker op twee dwaalsporen beland: die van het masker en van de superman. Het mopperen op haar is echter iets van de laatste tijd, en hij doet het alleen tegen haar.

Effect op Ilse

Daans gepietlut over het huishouden zorgt ervoor dat Ilse rebels wordt. Ze vindt zijn gedrag zó hemeltergend stom dat ze haar kont tegen de krib gooit en nog minder gaat doen. Ook merkt ze dat ze minder lief is tegen hem en hem minder leuk begint te vinden.

Jouw persoonlijke hoe-kan-dit-cirkel

Nu ben jij aan de beurt. Met een voorbeeld uit je eigen leven doorloop je de hoe-kan-dit-cirkel door jezelf de checkvragen te stellen. Schrijf het hier op of in een notitieboekje of download het hoe-kan-dit-formulier op www.degeluksroute.nl.

Neem iemand in je hoofd met wie je (vaak) gedoe hebt. Bijvoorbeeld je partner, buurman, vriendin, broer, moeder.

Vragen over jezelf:

A. Wat doe ik? Wat denk ik? Wat voel ik?

B. Ben ik op een dwaalspoor beland? Heb ik zegels gespaard?

C. Is er sprake van een incident of een patroon?

Mogelijk effect op de ander:

Wat is het (mogelijke) effect van mijn gedrag op de ander en op de relatie?

Vragen over de ander:

1. Wat doet de ander? Wat denk je dat de ander voelt? Wat denkt je dat de ander denkt?
2. Kan de ander op een dwaalspoor zijn beland? Heeft hij mogelijk zegels gespaard?
3. Is er sprake van een incident of een patroon?

Effect op jou:

Wat is het effect van het gedrag van de ander op jou? En wat voor effect heeft dat op jullie relatie?

Jarenlange actie-reactie

Het gebeurt weleens dat niet meer te achterhalen is waar sociaal gedoe is begonnen. Dit is meestal het geval in langere relaties, jarenlange samenwerkingen of in families. Er is dan sprake van veel zegels, een ophoping van oude koeien en een gigantische berg acties-reacties. Je kent vast in je eigen omgeving wel verhalen van familie of vrienden die elkaar nooit meer spreken. Als je dat soort situaties van dichtbij bekijkt, zie je vaak een aaneenschakeling van misverstanden.

Marjolein en Annelies, twee zussen, hebben elkaar al jaren niet gezien. Omdat hun moeder tachtig werd en die haar dochters graag bij elkaar wilde hebben voor haar verjaardag, vroeg oudste zus Marjolein mij om te bemiddelen. Tijdens de gesprekken ontdekten we dat Annelies altijd het gevoel heeft gehad dat Marjolein de meeste aandacht kreeg van hun ouders. Marjolein daarentegen vond juist dat Annelies meer aandacht kreeg, omdat hun ouders altijd zorgen over haar hadden. Geen van beiden hebben ze dit ooit uitgesproken. Een paar jaar geleden heeft Marjolein na het overlijden van hun vader de erfenis geregeld zonder Annelies hierin te betrekken. Annelies dacht daardoor: stik maar, terwijl Marjolein dacht: die trut doet ook werkelijk helemaal niets! Sindsdien zagen ze elkaar niet meer. Er was nul interactie, totdat hun moeder hun vroeg om samen op haar verjaardag te komen.

Sociaal gedoe ontstaat vrijwel nooit vanwege slechte intenties. Het ontstaat als reactie op een actie. Je vriendin doet iets en dat heeft effect op jou. Daarom reageer jij zoals je reageert. Het ingewikkelde is dat iets heel kleins heel veel gedoe kan veroorzaken. Als je één keer lastminute een afspraak afzegt kan dat ervoor zorgen dat de ander zich niet belangrijk voelt en afstand houdt. Die denkt: oké, laat dan maar, en initieert niets meer. Jij denkt: nou als jij niets initieert, vind je het blijkbaar niet zo leuk. En zo begint verwijdering. Het helpt om je af te vragen: kan het gedrag van de ander een reactie zijn op wat ik deed? Heeft diegene iets anders opgevat dan ik het bedoelde?

Hoe-kan-dit?

Voor we verder gaan: eerst... empathie

Na het stoppen met strijden en hoe-kan-dit is het tijd om in actie te komen. Maar... daar is empathie bij nodig. Behalve misschien een enkele verlichte Tibetaanse monnik zal het niemand lukken om te leven zonder oordelen. We hebben namelijk allemaal onze eigen normen en waarden. Dat maakt ons uniek. Alleen heeft iedereen andere normen en waarden, en daarom kan het botsen. Daar komt nog bij dat je reageert op wat iemand dóet, niet op de intentie achter dat gedrag, want die zie je niet. En we hebben de neiging om ons eigen onhebbelijke gedrag toe te schrijven aan de omstandigheden. Ik deed kortaf omdat hij zo stom deed, of: *Ik was chagrijnig omdat ik hoofdpijn had.* Maar als een ánder iets vervelends doet, dan rekenen we het de persoon zelf aan. *Wat een egoïst is hij!* Oordelen is dus makkelijk. Maar ermee stoppen maakt je leven rijker. Voordat je geluksstappen zet, is het cruciaal om je zo veel mogelijk te ontdoen van je oordelen. Of je nu kiest voor veranderen of accepteren, er is eerst empathie nodig. Dat betekent: je inleven in de ander en je oordelen loslaten.

Zonder empathie is elke geluksstap gedoemd te mislukken. Als je namelijk in gesprek wilt gaan met degene met wie je problemen hebt, maar de ander merkt dat je hem iets verwijt (oordeel), dan zal hij vervelend reageren en ga je linea recta naar de ongeluksroute. En als je probeert om een vervelend voorval los te laten maar je blijft vasthouden aan een oordeel, dan lukt loslaten niet. Soms hoor je mensen luid en duidelijk verkondigen dat iets hun absoluut níets meer uitmaakt. Dat het ze echt 'geen reet' meer kan schelen. Maar hun houding en toon verklappen dat het ze mateloos irriteert. Hun oordeel weerhoudt hen ervan los te laten. Hoe kom je van die oordelen af? Empa-

Overigens kun je ook te veel empathie hebben, waardoor je het zielig voor de ander vindt om iets uit te spreken. Dat werkt niet, want dan spaar je zegeltjes!

thie kun je trainen. In dit hoofdstuk geef ik daar een paar handige oefeningen voor.

Een goede vriendin van me, Meike, heeft al zolang als ik haar ken een gat in haar hand. Ze werkt als interimmer, en in de periodes dat ze een klus heeft, komt het geld met bakken binnen. Ze leeft dan als God in Frankrijk: gaat uit eten bij sterrententen, vliegt voor een weekend naar Ibiza en koopt de ene designertas na de andere. Maar ja, interimmer, hè? Dus soms zijn er tijden dat ze helemaal niets verdient. En dan begint het klagen over haar financiële situatie en miept ze dat ze er weer een potje van heeft gemaakt. En nog erger: ze komt dan altijd geld lenen van mij en anderen. Het is een irritante en voorspelbare golfbeweging, die zich keer op keer herhaalt. Gisteren was het weer zover. Ze kwam bij me eten en begon snikkend te vertellen dat ze van haar creditcard had geleefd en nu op zwart zaad zat.

Of neem Klaas, mijn buurman. Hij is zo'n figuur die zich altijd druk maakt over hoe (slecht!) buurtbewoners zich gedragen. Telkens als ik hem zie lopen – ik vermoed zelfs dat hij op zoek is naar wangedrag – hoor ik hem mopperen, terwijl ik juist vaak denk: laat iedereen lekker zijn gang gaan. Leven en laten leven. Maar neeee, niet Klaas: die ergert zich aan hondenuitlaters (zoals ik), hangjongeren, volle prullenbakken, mensen die laat op de avond glas in de glasbak duwen (zoals ik) en aan nog veel meer 'overtredingen'. Hij is ook zo iemand die petities en posteracties start om parkeerplaatsen tegen te houden of iets anders te dwarsbomen. Ik kan er niet bij dat iemand zo vreselijk negatief is. Ongelofelijk.

En dan Jan en Joop. Joop kan geen empathie opbrengen voor de gevoeligheid van Jan, hij vindt het gewoon een belachelijk overtrokken reactie. En Jan vindt het oerstom dat Joop niet snapt dat zijn bemoeienis heel irritant is.

Een oordeel hebben leidt vaak tot een reflexreactie, bijvoorbeeld tot de fightreflex. Je wordt kwaad en denkt dingen als: idioot dat je het zo doet, zo hoort het niet, of: doe toch eens normaal. Je kunt ook in de freezereflex schieten en simpelweg met je mond vol tanden staan. Of je vindt het allemaal zo ellendig dat je het niet meer kunt aanzien en weggaat: de flightreflex. Kortom: oordelen duwt je weg van de geluksroute.

Oorzaken van oordelen

• Iemand doet je aan een ander denken

Mariekes vriend ligt met griep in bed. Ze vliegt tegen de muren op van ergernis over zijn zielige gekerm en zijn non-stopgezeur over pijn en ongemak. Ze gruwelt van zijn schorre stem en de snotzakdoeken die overal door het huis liggen. Toen ik met haar zat te kletsen vertelde ze me dat haar ex-man enorm kon zeuren over elk pijntje en de minste tegenslag. Dus nu zag ze als haar vriend kermde meteen haar zeurende ex-man voor zich.

Het kan dus zijn dat iemand, of iemands gedrag, lijkt op het gedrag van een ander die je om wat voor reden dan ook ooit achter het behang wilde plakken. Als je vrouw bazig doet, kan dat je bijvoorbeeld doen denken aan je botte moeder, die vroeger overal commentaar op had. Als je je stoort aan iemand die besluiteloos is, doet dat je misschien denken aan je broer, wiens draaikonterij je altijd al heeft gestoord. Hierdoor reageer je niet op de situatie in het heden, maar op de oude situatie. Je merkt dit aan het feit dat je reactie eigenlijk een beetje overdreven is in verhouding tot het voorval.

Reageer jij weleens overdreven op een situatie omdat die je herinnert aan iets uit het verleden?

• Zelf zou je je nooit zo gedragen

Ik heb een broertje dood aan mensen die vooral aan zichzelf denken en altijd het onderste uit de kan willen. Dus als er iemand op mijn werk weer eens op zijn strepen gaat staan, kan ik daar moeilijk begrip voor opbrengen en raak ik zwaar geïrriteerd.
De ander vertoont gedrag dat jij onacceptabel vindt — gedrag waarvoor jij je misschien zou schamen of dat je abnormaal vindt.

Je collega loopt te pas en te onpas leeg over de fan-tas-tische en inspirerende projecten waarmee ze bezig is en de indrukwekkende klanten die ze gesproken heeft. Ze zet elke scheet op LinkedIn, terwijl jij heel bescheiden bent. Als jij een compliment krijgt, geniet je daar in stilte van. Zo ben je opgevoed en je vindt bescheidenheid belangrijk. Elke keer als je je collega hoort vertellen over haar succes, denk je oogrollend: wat ben je toch een verschrikkelijke opschepper.

Wat je daardoor niet ziet, is dat jullie allebei kwaliteiten hebben: zij kan zich goed profileren en jij bent heel bescheiden.

Of je hebt een vriendin die zegt dat ze deze maand niet wil afspreken omdat ze het te druk heeft, terwijl jij je altijd als een slangenmens in alle bochten wringt om een goede vriendin, partner, moeder én collega te zijn.

Intussen doet zij iets wat jij niet doet, namelijk grenzen aangeven. Hoe stom je het ook vindt, misschien kun jij er iets van leren. Jij op jouw beurt doet iets wat zij weer niet doet: flexibel zijn. Iemand kan dus kwaliteiten hebben die tegenovergesteld zijn aan de jouwe. Vaak erger je je dan aan het gedrag van de ander, terwijl je waarschijnlijk

Aan wat voor gedrag stoor jij je vaak; wat zou jij nooit doen?

zelf wel een beetje van die eigenschappen zou kunnen gebruiken! Als jij iets minder bescheiden wordt, val je meer op. En als je af en toe nee zegt, loop je jezelf niet zo snel meer voorbij.

• Het zit (even) niet mee

Mijn vriend Koen zat met zijn bedrijf in zwaar weer. Hij en zijn compagnons hadden crisisoverleg en het werd duidelijk dat Koens product, waar hij jaren al zijn tijd en energie in had gestopt, geen bestaansrecht meer had. Als bedrijf moesten ze dus Koens pride and joy *loslaten en zich op hun andere producten en diensten focussen. Terwijl zijn compagnons vol goede moed aan het brainstormen sloegen om hun bedrijf te redden, klapte Koen volledig dicht. Hij kon het niet opbrengen. Ze vroegen hem naar zijn mening, en naar wat hij wilde. Maar Koen vond alle ideeën onhaalbaar en stom en liep mokkend de kamer uit. Doordat hij zich zo ongelukkig voelde over de situatie kon hij zich even niet verplaatsen in zijn compagnons.*

Wanneer kun jij het niet opbrengen om je in anderen te verplaatsen?

Hoe lekkerder jij in je vel zit, hoe flexibeler en begripvoller je bent — dan ben je dus ook empathischer en minder oordelend. Je bent milder als de zon schijnt, als je een *kick-ass*-compliment hebt gehad van je baas of als je lekker uitgerust bent. Als je moe bent zul je, wanneer je bij thuiskost een overstromende wasmand aantreft en de vaat van gisteravond nog opgestapeld op het aanrecht staat, sneller uitvallen tegen je man, die na een lange werkdag nietsvermoedend zit te netflixen op de bank. Als je een grote tegenslag moet verwerken, duurt het wat langer om ermee te leren dealen.

• Je bent opgevoed met oordelen

Judith is teamleider bij de gemeente en heeft een bloedhekel aan laksheid. Ik coachte haar en vroeg haar om een week lang elk oordeel dat ze had op te schrijven. De sessie daarop vertelde ze me dat ze zich de tandjes was geschrokken van haar notities — ze oordeelt werkelijk overal over. Niet alleen op haar werk, maar ook thuis en met vrienden. Ze zag een vriendin haar kinderen in plaats van fruit Liga's meegeven naar school (Ongezond! Dikmakend!), haar man deed geen boodschappen (Lui! Niet betrokken!) en haar zus werkte fulltime terwijl ze drie kinderen heeft (Slechte moeder! Verwaarlozing!).

Toen we hierover praatten, zag ze in dat haar hele familie zo in het leven stond: iedereen oordeelde over elkaar, en dat was altijd al zo geweest. Als je bent opgevoed door ouders die elk moment hun mening over anderen klaar hadden, kan het lastig zijn om dat zelf anders te doen: als jouw ouders oordeelden over de buren, docenten op school en mensen die ze op tv zagen, is dat voor jou altijd de norm geweest. Voor sommige mensen is oordelen en hun mening ventileren zo gewoon als twee keer per dag je tanden poetsen.

'Heb je gehoord dat die loser van een Henk wéér overspannen is?'
'Nou, die dochter van Paul ziet er ook niet uit met die lipfillers. Kwekkwek.'
'Zij gaan gewoon elke maand een weekend weg, wat een decadente lui!'

Wat voor oordelen hoorde je vroeger vaak en oordeel jij daardoor nu ook (sneller dan anderen)?

Het kan zijn dat je huidige vriendenkring op dezelfde manier over anderen praat en tegen het leven aankijkt, waardoor oordelen ook voor jou de standaard is geworden en empathie ver te zoeken is.

Empathie

Het tegenovergestelde van oordelen is empathie. Empathie is essentieel als je op de geluksroute wilt blijven. Als je oordeelt, redeneer je vanuit jezelf: jouw normen en jouw mening zijn het uitgangspunt. Een soort wetboek, waar iedereen zich aan moet houden. Als je daarentegen empathie hebt, bezit je de vaardigheid om dingen ook vanuit het perspectief van de ander te bekijken. Als je dat doet, ben je veel beter in staat om het gedrag van de ander te begrijpen, en word je milder. En je zult veel beter het gesprek kunnen aangaan, of kunnen loslaten. Daar gloort de geluksroute al aan de horizon!

Het empathie-oordeelschuifje

Je kunt de werking tussen oordeel en empathie zien als een empathie-oordeelschuifje. Hoe meer empathie, hoe minder oordeel. En hoe meer oordeel, hoe minder empathie. Als je totaal tien punten te verdelen hebt en je kunt tien punten aan empathie geven, heb je er nul over voor oordeel, en andersom. Probeer de eerstvolgende keer dat je het niet eens bent met een ander eens te bedenken hoe de verhouding empathie-oordeel eruitziet. Om de geluksroute te bewandelen is het zaak om het empathieschuifje zo ver mogelijk naar links te krijgen. Op die manier ervaar je zo min mogelijk frustratie en ellende.

Het empathieschuifje naar links verplaatsen is nog niet zo makkelijk, want oordelen gaat volledig automatisch (het is een reflex) en je inleven in een ander is vaak een bewuste keuze.

Ik zal je een aantal oefeningen geven om je empathie te trainen, en zo het empathieschuifje naar links te krijgen. Je kunt de oefeningen doen als je merkt dat je met geen mogelijkheid kunt bedenken hoe die ander in hemelsnaam zo ongelooflijk stom kan zijn. Denk aan: geen geld opzijleggen als interimmer (Hoi Meike!) of zeiken over werkelijk alles (Hallo buurman, lekker weertje, hè? O, je haat warm weer). Vaak ben je, terwijl je naar de ander luistert, alleen maar bezig met je eigen oordeel, waardoor het niet eens in je opkomt om je in te leven in de situatie van die ander. En dat terwijl het wel belangrijk voor je is om de ander te begrijpen, bijvoorbeeld omdat de relatie je dierbaar is, of omdat je met iemand moet samenwerken en het not done is om printers naar een collega te gooien. Door jezelf op zo'n moment te dwingen je in te leven word je milder en voel je je meer verbonden. Probeer per situatie uit welke oefening het beste werkt voor jou. Als je oordeel erg hardnekkig is, doe dan meerdere oefeningen.

Oefening 1: Ik en de ander

Stap 1

Leg een velletje papier op de grond en ga erop staan: hier bekijk je de situatie vanuit jezelf. Bedenk wat jij voelt in deze situatie en wat je van de ander vindt. Oordeel er vooral lekker op los, niets is te gek.

Bij big spender Meike denk ik bijvoorbeeld: Wat dom en onverantwoord om niets te sparen. En lekker aso ook om daar elke keer je vrienden mee op te zadelen. Omdat ik

mijn zaakjes wél op orde heb en Meike mijn vriendin is, voel ik me verplicht om haar te helpen. Dat voelt stom en eigenlijk ook een beetje onnozel. Want elke keer ga ik er als gekke henkie weer in mee.

Bij buurman Klaas denk ik: wat is deze gast toch een enorme zeikerd. Naast geïrriteerd voel ik me door zijn gemekker ook best vaak schuldig, omdat ik me geregeld aangesproken voel. Ik hoor namelijk regelmatig tot de groep mensen die ergernis bij hem opwekken en op wie hij zijn gifpijlen richt.

Stap 2

Leg een nieuw velletje op de grond en ga daar staan: hier bekijk je de situatie vanuit het perspectief van de ander. Verplaats je volledig in de ander: in hoe die in het leven staat, wat diegene voelt, denkt en doet. Bekijk de situatie volledig vanuit de ander. Praat zelfs alsof je de ander bent, dus zeg: Ik vind...

Oké, ik verplaats me in Meike, ik doe nu alsof ik haar ben.
Meike: Ik ben opgegroeid in een gezin waar nooit geld was. Ik heb altijd gedroomd van dure spullen kopen. Op de momenten dat dat nu kan, wil ik dus ook niet nadenken en sparen, maar gewoon lekker genieten van luxe en van dingen waar ik blij van word — iets wat vroeger nooit kon.

En dan Klaas. Poeh, het is een tandje moeilijker voor me om me in hem te verplaatsen. Hij ehm... nou ja. Vanuit de ik praten is nu bijna niet te doen. Maar ik moet ook toegeven dat hij soms ergens wel gelijk heeft.
Klaas: Omdat ik niet werk zie ik veel meer van wat er gebeurt op straat dan Anne. Er wonen hier nogal wat

figuren in de buurt die afval naast de prullenbak dumpen en zo. Dat hoort niet. Ik ben graag buiten, en dan zit ik niet te wachten op meurend afval op straat, hondenpoep tussen de stoeptegels en jongeren met gettoblasters. Thuis heb ik niemand om mijn verhaal tegen te doen, dus als ik af en toe een buur met een hondje spreek, dan lucht ik mijn hart.

Ik moet bekennen dat ik Meikes niet-sparen nu beter begrijp. En zoveel boeit het me ook niet om het haar te lenen, ik krijg het altijd weer terug (in goede tijden). En zelfs Klaas is best aimabel als ik bedenk hoe hij zijn wereld ziet. Eigenlijk gewoon een betrokken buur, dat hij zich zo kwaad maakt om ons gezellige straatje.

Oefening 2: Gevoel vangen

In deze tweede oefening probeer je empathie te voelen door het gevoel van de ander te 'vangen' als je samen in gesprek bent. Dit doe je door écht goed te luisteren naar het gevoel dat de ander benoemt en je vervolgens een — waarschijnlijk totaal andere — situatie voor de geest te halen waarin jij hetzelfde voelde. Je focust je dus niet op de inhoud van wat iemand vertelt, maar vooral op het gevoel dat de ander benoemt. Stel, een collega vertelt dat hij het haat om te netwerken. Dat hij altijd denkt dat hij met zijn mond vol tanden komt te staan als hij met onbekenden moet praten. Dan 'vang' je zijn angst. Hij noemt het niet met zoveel woorden maar je kunt wel raden dat hij bang is om een flater te slaan. Kijk vervolgens naar jezelf: wanneer heb jij een gevoel van angst, wat is een angst die jij kent? Waarvóór de ander precies bang is, doet er dus niet toe. Het maakt ook niet uit als je er geen snars van begrijpt. Het gaat erom dat je het gevóel weet te vangen. Als iemand bijvoorbeeld zegt zich machteloos te voelen, ga je in je hoofd terug naar een situatie waarin jij je machteloos voelde. Iedereen voelt zich immers weleens machteloos, bang, gefrustreerd of onzeker — alleen verschillen de situaties waarin die gevoelens opspelen.

Veel mensen zijn bang voor muizen. Ik niet, ik vind muizen schattig, met die kleine pootjes en zachte haartjes. Maar ik op mijn beurt gruwel van het spreken voor grote groepen. En ik vind geld vragen voor het werk dat ik doe geen bezwaar, maar van salarisverhoging vragen kreeg ik altijd vlekken in mijn nek — dat deed ik daarom ook nooit. Vraag je eens af: herken ik deze gevoelens? En plak die vervolgens op de situatie van de ander. Zo kun je meevoelen met iemand die boos is, ook al herken je die specifieke boosheid niet.

Meike wil gewoon genieten als het haar financieel voor de wind gaat en niet altijd zo serieus doen. Maar daarna voelt ze zich dommig en klein dat ze het zover heeft laten komen. Als ik bij mezelf naar dat gevoel zoek van dommig en klein, denk ik aan die keer dat mijn computer werd gestolen en ik stom genoeg niets van mijn werk in de cloud had gezet. Toen baalde ik ook zo van mezelf. Als ik dit gevoel oproep, heb ik meer begrip voor Meike.
En dan die mopperende Klaas: ik ken het gevoel van boosheid en onbegrip natuurlijk ook, als mijn pubers keer op keer de kopjes in de woonkamer laten staan en het licht niet uitdoen.

Oefening 3: Wat zit er onder het gedrag?

Elke keer als iemand gedrag vertoont dat jij niet verwacht of dat je onprettig vindt, neem je even pauze en bedenk je wat er mogelijk onder dat gedrag zit.

Mijn dochter Mare werd laatst op straat uitgescholden door een vrouw omdat ze niet oplette. Ik schrok van de agressieve toon van de vrouw, maar Mare keek me aan en zei: 'Ik denk dat ze ruzie heeft gehad met haar man of zoiets', en fietste onverstoorbaar verder.

Verklaringen voor lastig gedrag:

- De ander ervaart veel stress, heeft ruzie gehad of is ziekig.
- De ander heeft het goed met je voor en probeert je daarom te pushen of controleren.
- De ander is bang en uit zich daardoor boos.
- De ander heeft een blinde vlek en is zich totaal niet bewust van wat hij doet.

Bij Meike zit er dus bewijsdrang onder: door dure dingen te kopen, voelt ze zich geslaagd. En bij Klaas is het deels eenzaamheid, hij wil niets liever dan even contact maken met voorbijgangers. Als je dan alleen hoi zegt, is dat moment natuurlijk heel snel voorbij.

Oefening 4: Schrijf je allergie op

Schrijf een paar dingen op die je niet bevallen aan een collega, je partner of een vriendin, kortom, schrijf je allergie op. Wissel daarna je negatieve bril in voor een roze exemplaar en kijk naar het pósitieve achter die eigenschappen, de kwaliteiten. Dit is makkelijker gezegd dan gedaan, want als je je aan iemand ergert, zie je natuurlijk vooral die bloedirritante minpunten. Maar er zíjn pluspunten, echt waar. Neem de tijd, pak de roze bril, en zoek ze. Omdat het zo moeilijk is staan op de volgende pagina een paar voorbeelden.

Allergie	**Kwaliteit**
Zeuren	Zichzelf serieus nemen
Borstklopperij	Zichzelf kunnen verkopen
Twijfelen	Doordacht zijn
Impulsief	Snel kunnen beslissen
Slordig	Enthousiast van alles tegelijk doen
Niet betrouwbaar	Spontaan, leven in het hier-en-nu
Egoïstisch	Voor zichzelf opkomen

Meikes kwaliteit is dat ze kan genieten van het moment. Klaas' kwaliteit is dat hij daadkrachtig is, hij dóet iets met wat hij vindt.

Oefening 5: Accepteren dat iedereen andere normen heeft

Wat ook enorm helpt, is accepteren dat iedereen andere normen heeft en andere dingen belangrijk vindt. Eigenlijk hebben we allemaal als het ware ons eigen wetboek. Iedereen krijgt andere lessen mee in het leven. Zelfs kinderen die in hetzelfde gezin opgroeien, pakken soms verschillende normen op. Het geeft rust om je hier niet over op te winden maar het te accepteren.

Marieke heeft heel andere normen dan haar vriend. Marieke heeft als norm dat je niet zwak moet zijn. Ziek zijn is een keuze en zeuren doe je niet. Haar vriend daarentegen vindt dat je jezelf moet kunnen zijn in een relatie, dus als hij zich rot voelt, dan vertelt hij dat.

Klaas heeft als norm dat iets alleen werkt in zo'n vol land als iedereen zich houdt aan de regels. Ik ben zelf wat losser. Ik hou er niet van om mensen te bekritiseren en denk: laat iedereen zijn gang gaan en wees lief voor elkaar.

Als je een ander beter wilt begrijpen helpt het om diegene eens te vragen naar de waarden die achter zijn — in jouw ogen — lastige gedrag zitten. Je vraagt dan waarom het zo belangrijk is. En hoho, probeer niet meteen te oordelen over de waarden van de ander, die kunnen immers anders zijn dan die van jou. Weet je nog: ieder zijn eigen wetboek. Vertel de ander ook over jouw waarden. Wees eerlijk en kijk samen hoe je hiermee om zou kunnen gaan zonder met je ogen te rollen of elkaar de hersenen in te slaan. Zo zoek je gezamelijk naar een oplossing.

*Oordelen is makkelijk, als je eventjes tv-kijkt merk je al hoe snel je iets vindt van iemands kapsel, uitspraken of grapjes. Je inleven in een ander kan moeilijk zijn, zeker als je je ergert, maar als je weet hoe je het zou kunnen aanpakken wordt het al een stuk eenvoudiger. Bij mij is het er met de paplepel in gegoten. In onze woongroepen woonden mensen van allerlei pluimage: vluchtelingen, intellectuelen, psychiatrisch patiënten, noem maar op. Mijn moeder zei altijd: '**Anne, eerst je inleven, voor je je oordeel velt.**'*

Ook in mijn werk zie ik dat achter elke vervelende houding of lastig gedrag een verhaal van gekwetstheid of een goede intentie zit. Ik vind het leuk om me in te leven in de ander, om me te verdiepen, nieuwsgierig te zijn naar de reden waarom de ander doet wat hij doet. Gewoon, omdat de meeste mensen deugen.

8

Geluksstappen zetten: veranderen of accepteren

Eindelijk is het zover. Je herkent inmiddels in welke situatie je je bevindt, je bent gestopt met vechten tegen de werkelijkheid, je weet 'hoe-kan-dit', kortom: je plaatje is compleet. Nu is het tijd om geluksstappen te zetten. Stappen in de richting van een soepele, relaxte, fijne relatie en een stuk minder (of liever nog: geen) frustratie.

Als je in een lastige situatie zit kun je altijd kiezen uit drie mogelijkheden: veranderen, accepteren of weggaan. Dat klinkt bijna té simpel, maar zo simpel is het echt. Er is geen addertje.

REGIE

Dit boek gaat over sociaal gedoe in relaties. Maar de geluksroute helpt je ook om de regie te nemen in andere situaties. Vertraging in de trein, slecht weer op je vakantiebestemming, geldproblemen, slecht eten in een restaurant, stress op je werk. De geluksstappen en geluksroutetraining van hoofdstuk 10 kun je dus ook gebruiken in allerhande frustrerende situaties.

ERGER JE JE AAN DE FILE? NEEM DE GELUKSROUTE!

De eerste vraag die je jezelf stelt is: kan ik de situatie veranderen? Bijvoorbeeld iets doen of iets bespreken zodat de situatie verbetert? Zo ja: top! Doe dat dan. Dus als je nog niet hebt gepraat met je vader, je partner of je lastige baas, doe dat dan als de sodemieter. Of doe iets anders: maak zelf schoon (als je baalt van slordige kinderen), organiseer een etentje (als je vriendinnen mist) of schrijf een beleid (als je vindt dat dat nodig is op je werk en niemand anders het doet). Als iets doen of het eerlijk bespreken voor jou geen optie is (of je hebt dat al heel vaak geprobeerd en dat werkt niet), ga je door naar de tweede vraag: kun je

de situatie accepteren en dus je frustraties daarover loslaten? Kun je accepteren dat de ander of de situatie is zoals die is? Is het antwoord ja, accepteer het dan ook echt en laat de pijn of teleurstelling los en richt je op wat er wel is. Neem de lastpak zoals hij is en denk bijvoorbeeld aan zijn positieve kanten. Richt je op andere zaken dan op zijn boze buien of gebrekkige managementstijl. Bijt je niet vast in de teleurstelling of de pijn die hij je deed. Als dat niet lukt en je merkt dat het toch aan je blijft knagen, dan is er nog maar één optie en dat is weggaan. Je relatie uitmaken, een andere baan zoeken of stoppen met de vriendschap.
Dit boek gaat over contact met mensen die je de moeite waard vindt, maar ook over mensen met wie je wel móet samenleven of samenwerken. Bij wie weggaan echt de allerlaatste, haast onmogelijke, optie is. Vandaar dat ik me in dit hoofdstuk richt op de twee opties waarbij je contact behoudt: veranderen of accepteren.

SLACHTOFFER-DENKEN

Soms lukt het je (even) niet om te kiezen tussen: veranderen, accepteren of weggaan. Maar als je niet kiest, kom je snel in slachtoffer-denken terecht. Je vindt dan dat het niet zo zou moeten zijn. Je geeft de ander of de situatie de schuld. Je wil dat de ander verandert, maar dat gebeurt niet. Je doet niets wat helpt, je accepteert het niet maar je gaat ook niet weg. Wat je wel doet is mopperen, roddelen, klagen en/of afhaken. Je vecht dus tegen de situatie, en ik heb in hoofdstuk 6 al beschreven waarom dit niet werkt. Door niet te kiezen word je zeker niet gelukkiger. Soms kan klagen even opluchten, maar op termijn voelt het nooit lekker. Als je met dit slachtoffer-denken wil stoppen moet je de regie nemen, dus wél kiezen. Je hebt namelijk altijd een keuze. Altijd. Kies desnoods tijdelijk een van de

MISSCHIEN MOET IK IN BEWEGING KOMEN?

opties en kijk wat dat oplevert. Door te kiezen behoud je regie over je eigen gevoel en gedrag in plaats van dat je je slachtoffer van de situatie voelt.

Geluksstap 1: de situatie veranderen

Je wil de situatie veranderen. Er zijn twee smaken: je zet zelf ander gedrag in of je gaat het eerlijke gesprek voeren. Doordat jij iets anders doet kan het zijn dat de ander ook weer iets anders gaat doen, waardoor je een andere actie → reactie krijgt.

Neem Ilse en Daan, het stel uit hoofdstuk 7. Daan, die om zijn vrouw Ilse te ontzien steeds meer deed in huis maar zich ook steeds lulliger tegen Ilse ging gedragen. Ilse kan kijken of ze de situatie kan veranderen. Ze kan een eerlijk gesprek voeren met Daan over wat ze ervaart, welke uitwerking dat op haar heeft en proberen samen tot een oplossing te komen. Ze kan er ook voor kiezen om haar eigen gedrag te veranderen, bijvoorbeeld door meer in het huishouden te doen of minder te gaan werken en zo de dynamiek tussen hen te veranderen.

Het eerlijke gesprek voeren

Je hebt besloten het gesprek aan te gaan.
Je kunt een gesprek voeren in the heat of the moment. Dit betekent dat je op dat moment een time-out neemt om te bespreken wat er tussen jou en de ander gebeurt. Je kunt ook de volgende dag of een paar dagen later op het gedoe terugkomen. Het kan heel zinvol zijn om achteraf, als je beiden weer rustig bent, terug te kijken en te analyseren waarom het zo uit de klauwen liep — bijvoorbeeld om een

structurele oplossing te vinden of gewoonweg uit te leggen waarom je onredelijk reageerde.

In the heat of the moment

We kennen het allemaal: iets wat begon met een ieniemienie-irritatie kan zomaar ontaarden in giga-gedoe. Je roept de vreselijkste dingen of drijft enorm je zin door. Ondanks je boosheid of frustratie voel je zelf ook wel dat je een beetje doorslaat. De truc is om dit te benoemen zodra je het opmerkt: *'Ik merk dat ik hier echt heel geïrriteerd van word en volgens mij helpt dit niet. Kunnen we even opnieuw beginnen en proberen naar elkaar te luisteren?'* Of: *'Wil jij eerst vertellen wat je dwarszit? Dan vertel ik daarna mijn kant van het verhaal.'* Of: *'Zullen we geen oude koeien uit de sloot halen, maar het even over vandaag hebben, dat werkt denk ik beter.'* Op die manier stop je met praten over de inhoud en zeg je iets over de manier van communiceren.

Welke reflex heb jij in the heat of the moment: herken je bij jezelf een fight-, flight- of freezereflex?

Als het zo uit de hand loopt dat je jezelf niet meer onder controle kunt krijgen, kun je het gesprek beter later voeren. Neem een time-out: ga even naar de wc, zet thee of loop een blokje om. Op het moment dat je weer rustig kunt nadenken, ga je naar de ander terug en zeg je: *'Ik ontplofte, dus ik moest even weg. Nu ben ik weer rustig. Zullen we opnieuw proberen om te praten?'*

Ilse kan op het moment dat ze weer met Daan aan het kibbelen is, zeggen: 'Volgens mij zijn we elkaar nu alleen maar verwijten aan het maken.' Ze kan aan Daan vragen waar hij nou het meest mee zit en vervolgens vertellen wat haar allemaal stoort.

Achteraf

Na een ruzie of ongezellig gedoe wil je in de meeste gevallen zo snel mogelijk vergeten dat je als Rico en Badr tegenover elkaar stond. Zand erover, laten we het weer fijn hebben. Misschien worden er cadeautjes gekocht of wordt het afgekust, zonder het echt uit te praten. Je hebt geen zin om er opnieuw over te beginnen, je bent allang blij dat het achter de rug is. Maar als je niet even de moeite neemt om samen te praten over wat er is gebeurd, wordt het gedoe gegarandeerd een zegel. Het is namelijk niet opgelost, dus het blijft in je hoofd zitten. De kans is groot dat je deze koe bij de eerstvolgende aanvaring uit de sloot haalt.

Het is voor een duurzame relatie belangrijk om elkaar na de ruzie of het gedoe in alle rust te vertellen wat er nu precies in je hoofd gebeurde, dus te reflecteren op waar het misging. Wat dachten en voelden we allebei, wat werd als kwetsend ervaren, en hoe is dit een volgende keer te voorkomen? Vertel wat er vanbinnen bij je gebeurde en wat je daardoor naar buiten toe deed. Zoek samen naar de triggers en kijk hoe je daar de volgende keer mee kunt omgaan. Het zorgt ervoor dat je elkaar beter leert kennen en begrijpen: verbinding én verdieping dus.
Dit is een superbelangrijke stap, zeker in langdurende vriendschappen, samenwerkingen en liefdesrelaties. Op deze manier is de lucht niet alleen definitief geklaard, maar laat je jezelf zien in al je kwetsbaarheid. Je laat zien wat er onder jouw ruziegedrag zit: welk gevoel (angst, verdriet, boosheid) en welke behoefte. De volgende keer is het daardoor makkelijker voor de ander om jou te begrijpen, waardoor hij meer rekening met je kan houden, en vice versa. Het is heel erg de moeite waard om hiervoor de tijd te nemen.

Ben jij een uitprater of denk je meestal: laat maar zitten?

Ilse en Daan merken allebei dat ze steeds vaker ruziemaken. En dat niets uitpraten ook niets oplevert. Dus probeert Ilse na een ruzie die uit de hand liep, samen rustig terug te kijken. Ze vertelt Daan dat ze op het mo-

ment dat ze zich opgejaagd voelt in de weerstand schiet. Dat ze haar hakken in het zand zet en van de weeromstuit nóg minder zin heeft om iets te doen in huis, en dat de sarcastische opmerkingen van Daan dus allesbehalve het gewenste effect hebben. Daan bekent dan dat hij geen erkenning voelt voor het feit dat hij in het huishouden altijd tot het gaatje gaat en dat hij op een gegeven moment inderdaad denkt: stik er maar in. Ze zien beiden dat hun gedrag averechts werkt en kunnen het op dat moment over een oplossing hebben.

De stappen voor het eerlijke gesprek

Als je besluit het gesprek aan te gaan is het handig om gebruik te maken van het stappenplan 'het eerlijke gesprek'. Daarmee kun je helder vertellen wat je stoort zonder de ander aan te vallen. Als je dit stappenplan volgt, is de kans het grootst dat de ander werkelijk luistert naar wat je zegt. Dit kun je doen op het moment suprême, als het je lukt om midden in het gedoe waarin je bent beland afstand te nemen. Maar je kunt het ook achteraf bespreken. Ga het niet uitpraten als je de ander een ram wil verkopen. Wacht tot je afgekoeld bent. Je kunt de stappen ook gebruiken als je merkt dat de ander telkens hetzelfde gedrag vertoont, en jij wilt voorkomen dat je zegels gaat sparen. Er is dan niet één ding dat je stoort, maar het is een opeenstapeling van dingen: een patroon.

Hoe werkt het? Kondig altijd eerst aan dat er iets is wat je wilt bespreken, en zeg er bijvoorbeeld bij dat je het spannend vindt of dat je er een beetje tegen opziet. Vervolgens kun je onderstaande stappen volgen. Zo zorg je ervoor dat je boodschap wel duidelijk overkomt, maar niet aanvallend klinkt. Daardoor is de kans groot dat de ander iets met je boodschap kan, en voorkom je dat je samen de ongeluksroute op dendert.

Je hoeft je natuurlijk niet letterlijk aan het stappenplan te houden, doe vooral wat voor jou werkt. Maar als je het gesprek aan de hand van deze stappen voorbereidt, is de kans groot dat je de moraal van je verhaal helder hebt en dat het lukt om die over te brengen.

Om een eerlijk gesprek voeren goed in de vingers te krijgen vraag ik je om bij elke stap even mee te schrijven. Bedenk dus een situatie die je met iemand zou willen uitpraten.

Wat wil je bespreken, en met wie?

Het plan voor 'het eerlijke gesprek' bestaat uit zes stappen:

Stap 1. Je intentie

Begin het gesprek met te zeggen wat je graag met het gesprek wilt bereiken. Zo weet de ander dat jouw intentie positief is en dat je de relatie wilt verbeteren, in plaats van hem een kopje kleiner te maken of met een beschuldigende vinger te wijzen. Je zorgt op deze manier dat de ander niet meteen zijn zwaard trekt of al 'LALALA ik hoor je lekker toch niet!' gillend zijn handen op zijn oren legt.
Je kunt bijvoorbeeld zeggen dat je fijner wilt samenwonen (met je huisgenoot), dat je prettiger wilt samenwerken (met je collega) of meer spanning wilt in je relatie (met je partner).

Je bent met je zus uit eten en zij zit constant op haar telefoon. Je kunt geen zin afmaken zonder dat haar blik naar het scherm afdwaalt en ze heeft al minstens tien keer 'even snel' een berichtje getypt. Je hebt gemerkt dat je zus de laatste tijd sowieso vaker afgeleid is en maar half luistert, helemaal sinds ze een nieuwe liefde heeft. Je ziet haar veel minder dan eerst en áls je haar ziet, lijkt het erop dat ze alleen maar met haar vriend bezig is.

Jouw stap 1:
Je intentie
Denk aan een gesprek dat je zou willen voeren (of misschien niet wil voeren, maar waarvan je weet dat het wel goed zou zijn). Schrijf jouw stap 1 op: wat is jouw positieve intentie met dit gesprek.

....

....

....

....

....

Je begint dus met je intentie. Je zou tegen je zus kunnen zeggen: ‘Ik wil even met je praten, omdat ik zo graag weer het fijne zussencontact dat we altijd hebben gehad, terug wil.’

Uitglijders bij stap 1

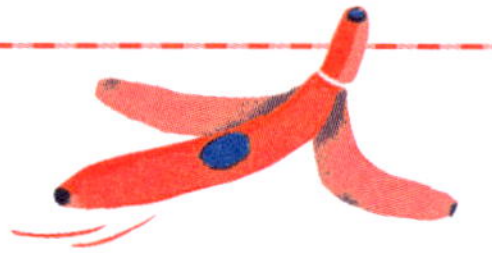

Negatief formuleren van intentie

Soms formuleer je wat je níet wilt en niet wat je wél wilt. Bijvoorbeeld: ‘Ik wil even met je praten, omdat ik me niet meer aan je wil ergeren.’ Je zegt dus wat je níet meer wilt en dat maakt dat het brein meteen het negatieve registreert. De kans is groot dat het reflexbrein van de ander meteen op scherp staat, waardoor het risico op fight, flight en/of freeze en dus de ongeluksroute groot is.

Oordeel is hoorbaar in intentie

Het kan ook zijn dat in je intentie een oordeel hoorbaar is. De ander hoort dat natuurlijk meteen en het gesprek is gedoemd te mislukken. Een voorbeeld: je kibbelt veel met je partner en daar wil je over praten. Als je zegt: ‘Ik wil praten want het is belachelijk hoeveel ruzie we maken’, is dat een oordeel.

Positieve intentie	**Negatieve of oordelende intentie**
Ik wil graag een gezellige sfeer hebben in huis (met je huisgenoot)	Ik wil dat je inziet dat jij te veel troep maakt
Ik wil graag prettiger samenwerken (met je collega)	Ik wil graag dat je mij minder buitensluit in het samenwerken

Ik wil graag meer contact (met je partner)	Ik wil niet zo'n oppervlakkige relatie
Ik wil graag meer plezier (met je zoon)	Ik wil niet meer dat je zoveel tijd achter dat stomme scherm doorbrengt

Stap 2: Concreet gedrag

Je begint met het concreet beschrijven van wat de ander doet: je noemt de feiten zonder oordeel en zonder verwijt. Je noemt dus alleen dat wat je iemand ziet doen of hoort zeggen, en beschrijft dat op zo'n manier dat de ander zich niet aangevallen voelt. Een hulpmiddel hierbij is om te bedenken wat een wildvreemde zou zien als hij ernaast stond. Of probeer je voor te stellen wat een camera zou registreren. Het gedrag dat je beschrijft is dus totaal objectief. Verder spreek je altijd vanuit de ik-vorm (ík zie, ík hoor) en je gebruikt neutrale woorden, zodat de ander zich niet veroordeeld voelt. Dit klinkt makkelijk, maar is extreem moeilijk. Want ons hoofd zit vol met interpretaties en oordelen.

Bij je zus die minder afspreekt en afgeleid is tijdens het etentje, kan het zijn dat je met de minuut geïrriteerder wordt en denkt: ja jemig, ze zit verdorie de hele avond te appen met een ander. Je zou dan de volgende conclusies kunnen trekken:

- Ze zit met haar hoofd bij iemand anders.
- Ze neemt mijn verhaal niet serieus.
- Ze vindt mannen altijd belangrijker dan haar familie.
- Ze luistert nooit echt naar mij.

Dit zijn geen feiten, maar interpretaties en oordelen. Als je dit op deze manier zegt, vlieg je meteen naar de ongeluksroute, want je kunt er donder op zeggen dat ze boos

Jouw stap 2: Concreet gedrag

Wat doet degene aan wie jij je stoort concreet? Wat zijn de feiten?

Ik zie dat je...

....

....

....

....

Ik hoor dat je...

....

....

....

....

en verongelijkt zal reageren. In plaats daarvan zeg je wat je daadwerkelijk ziet: dus concreet gedrag zonder oordeel of aanname. Wat zijn nou de feiten in deze situatie? Dat zou in dit geval zijn: 'Ik zie dat je vanavond vaak op je telefoon kijkt.'

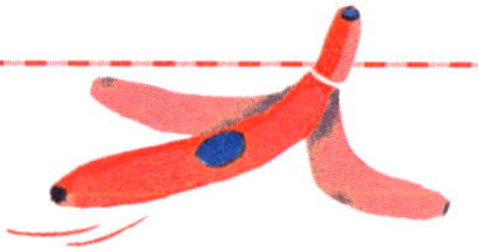

Uitglijders bij stap 2

De woorden 'nooit' en 'altijd' gebruiken

Woorden als 'altijd' en 'nooit' klinken altijd (haha) verwijtend. Vaak gebruik je ze in je boosheid om je woorden kracht bij te zetten. Maar de ander zal snel in de verdediging schieten en zoeken naar de uitzondering. Stel, je zegt tegen je man: 'Je komt altijd te laat.' Dan zal hij waarschijnlijk een nuffige opmerking maken over die ene keer dat hij níet te laat was. Dat geldt ook voor 'vaak' (want wat is nou vaak?). Het werkt beter om te zeggen: 'Je kwam deze week drie keer te laat.' Dat is concreter en dus kan hij daar, als het waar is wat je zegt, weinig tegen inbrengen.

Interpretaties en oordelen noemen

Praten in oordelen en interpretaties. Je begint het gesprek met het op tafel gooien van een aanval of verwijt. Je houdt het dus niet feitelijk. Als je dat doet is de kans klein dat de ander nog openstaat voor het gesprek. Dus zeg niet tegen je zus: 'Jij zit de hele avond al stiekem met je lover te appen.' Of: 'Het boeit jou blijkbaar niet wat ik vertel over mijn werk.'

Feit	**Interpretatie en oordeel**
Je ging tijdens het overleg harder praten	Je deed agressief en aanvallend
Je rolde met je ogen	Je neemt me niet serieus
Je onderbrak mijn verhaal	Je bent niet geïnteresseerd in mij
Je zegde de afspraak af	Je vindt onze vriendschap niet belangrijk genoeg

Niet zeggen waar het echt over gaat

Een andere uitglijder is dat je het niet hebt over waar je het eigenlijk over moet hebben. Ik hoor een vriend mopperen over een medewerker die rookt ('Hij staat de halve dag buiten!'). Maar gaat het echt over het roken? Want als hij hem ziet roken, dan denkt hij vooral: o, daar heb je wel tijd voor! Dus het gaat er eigenlijk om dat deze medewerker zijn werk telkens niet af heeft. Dát is het probleem. Bedenk dus voor je het gesprek aangaat, waar je het over wilt hebben. Want als die medewerker stopt met roken, maar nog steeds zijn werk niet afmaakt, is mijn vriend natuurlijk nog steeds niet blij.

Stap 3: Het effect op jou

De derde stap is het beschrijven van het effect dat dit gedrag heeft op jou; op je gedachten, op je gevoel en je gedrag. Wat vóel jij erbij en wat ga je daardoor dóen?

Terug naar je zus. Nadat je tegen haar hebt gezegd dat je ziet dat ze vanavond veel op haar telefoon zit, kun je zeg-

Jouw stap 3: Het effect op jou
Wat dénk je in jouw situatie? Wat vóel je dan (een echt gevoel) en wat ga je dan dóen?
Ik denk dan...

Ik voel dan...

Ik ga dan... (doen)

gen: 'Ik denk dan dat je je telefoon interessanter vindt dan mij (gedachten). Daardoor voel ik me teleurgesteld en ik ben ook een beetje boos (gevoel) want ik had echt zin om bij te kletsen. En ik merk dat ik steeds minder zin heb om je te vertellen over mijn werk en relatiedingen (gedrag).'

Nu mag je dus gewoon helemaal eerlijk zijn. Je mag noemen wat je allemaal denkt, zonder het mooier te maken. Dus je gekke gedachten en de invloed op je gedrag kun je nu benoemen. Natuurlijk wel respectvol, maar je laat hiermee zien wat er in jouw hoofd gebeurt. ('Als jij te laat komt, denk ik dat je mij niet belangrijk vindt' of: 'Als je op je horloge kijkt, dan denk ik dat je weg wilt.')

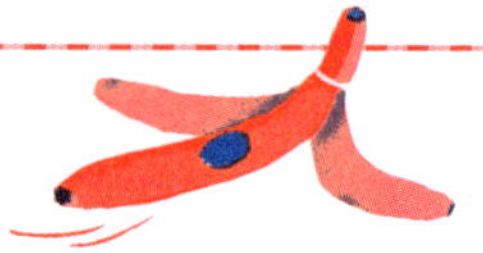

Uitglijders bij stap 3

Je gevoel niet benoemen
Vertellen wat je voelt lijkt niet zo ingewikkeld, maar vaak gaat het hier mis. Soms denk je: ach, laat maar even, dat gevoel, dat doet er niet echt toe. Of je weet misschien niet zo goed een gevoel te benoemen. In werksituaties vinden veel mensen het ook ongemakkelijk om over hun gevoel te praten. Toch is het skippen van deze stap funest. Als je je gevoel benoemt, stel je je kwetsbaar op en laat je merken wat er bij jou gebeurt. Want over wat jij voelt is geen discussie mogelijk.

Niet een echt gevoel benoemen
Veel mensen benoemen in plaats van een gevoel een gedachte. Ze zeggen: 'Ik heb het gevoel dat jij er niets van snapt.' Maar dat is geen gevoel, dat is iets wat jij denkt. Een gevoel is iets wat je voelt in je lijf, een variatie op de basisemoties (de 4 b's: bang, boos, blij, bedroefd). Of je be-

noemt een semigevoel: dat klinkt als een gevoel maar is eigenlijk een verwijt. Je beschuldigt de ander er eigenlijk van dat hij je iets aandoet. 'Ik voel me in de steek gelaten', 'Ik voel me niet serieus genomen', of 'Ik voel me geïntimideerd'. Daarmee zeg je eigenlijk dat de ander iets verkeerd doet in plaats van dat jij je gevoel benoemt ('Ik voelde me rot toen je wegging' of 'Ik voel me alleen' of 'Ik voel me onzeker').

Ik coachte eens een stel. De man zei tegen zijn vrouw: 'Ik voel me in gezelschap door jou gedomineerd.' Haar antwoord was: 'Dat doe ik niet, jij zegt zelf nooit wat op een feestje.' Pas toen hij zijn echte gevoel uitte, kwamen we ergens: 'Jij vertelt zo makkelijk en grappig, ik merk dat ik me dan onzeker voel en steeds stiller word.' Toen voelde ze zich niet meer aangevallen en kreeg ze meer begrip. Zo kon ze rekening met hem houden.

Gevoelens	**Semigevoelens**
Ik voel me alleen omdat ik je mis	Ik voel me in de steek gelaten
Ik voel me onzeker	Ik voel me aangevallen
Ik voel me verdrietig	Ik voel me afgewezen
Ik voel me boos	Ik voel me belachelijk gemaakt
Ik voel me teleurgesteld	Ik voel me respectloos behandeld

Jouw stap 4:
Je behoefte
Wat is jouw behoefte eigenlijk?
Ik heb behoefte aan...

....

....

....

....

....

Stap 4: Je behoefte

In deze stap verwoord je je behoeften. Dat kun je doen door eerst aan te geven wat je voelt en daarna welke behoefte daaronder ligt. Bijvoorbeeld: 'Ik voel me onzeker (stap 3), omdat ik een veilig gevoel nodig heb.' Of: 'Ik ben boos, omdat ik behoefte heb aan meer tijd samen.'

Stap 4 met je zus zou zijn: 'Ik voel me teleurgesteld omdat ik behoefte heb aan contact, wilde even echt met je kletsen.'

Ik coachte eens een echtpaar dat net gepensioneerd was en elkaar telkens in de haren vloog. Hij wilde graag meer met haar ondernemen, zij baalde dat hij nooit lekker thuis de dag wilde doornemen onder het genot van een drankje. Wat bleek? Ze hadden beiden behoefte aan verbinding en samenzijn, maar hadden hier allebei andere oplossingen voor en dáár kregen ze mot over. Toen ze zagen dat ze beiden dezelfde behoeften hadden, konden ze veel makkelijker kijken hoe ze hier gezamenlijk invulling aan konden geven.

Uitglijders bij stap 4

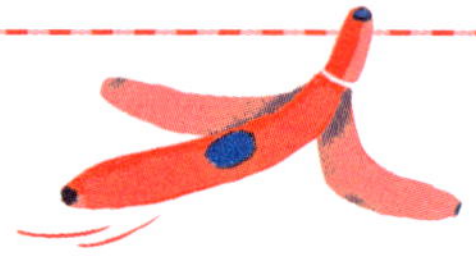

Oplossing(en) noemen

Het is belangrijk om een werkelijke behoefte te noemen en niet de ander jouw oplossing op te dringen. We hebben allemaal de neiging om te denken in oplossingen, maar hier is het belangrijk dat het om jouw behoefte gaat. De oplossing kun je daarna samen verzinnen. Vaak worden behoeften en oplossingen echter door elkaar heen gebruikt. Je kunt dus beter tegen je partner zeggen dat je meer intimiteit wilt dan dat je zegt: 'Ik wil dat je me vaker knuffelt.' Misschien vult hij de waarde 'intimiteit' op een totaal andere manier in dan jij. En pas als je dat van elkaar weet, kun je samen op zoek naar een oplossing waar iedereen blij van wordt.

Behoefte	**Oplossing**
Intimiteit	Ik wil dat je vaker een arm om me heen slaat
Rust	Ik wil dat het huis opgeruimd is
Liefde	Ik wil dat je me vaker cadeautjes geeft
Vriendschap	Ik wil dat je mijn verjaardag niet vergeet

Stap 5: Herken je dit?
Nu je je zegje hebt gedaan, wil je natuurlijk weten hoe de ander hierover denkt. Dus kijk je diegene aan, en als hij niets zegt, vraag je: 'Herken je dit?' of: 'Hoe is het om dit te horen?' Zo zorg je ervoor dat de ander ook de ruimte krijgt om zijn kant van het verhaal te vertellen. Met deze stap breng je meer gelijkwaardigheid in het gesprek, want als jij alleen maar zendt en niets aan iemand vraagt, dender je maar door, waardoor de ander zich kleiner zal voelen en niet meer goed luistert.

Jouw stap 5:
Vraag de ander hoe dit voor hem is om te horen

Uitglijder bij stap 5

De ander geen ruimte geven
Sla deze stap niet over door meteen door te ratelen over wat jij zou willen. Kom niet met voorbeelden en details aan, maar geef de ander ruimte.

Jouw stap 6:
Je verzoek of wens
Wat is jouw verzoek eigenlijk? Zorg dat het geen eis is maar een wens.

Stap 6: Je verzoek of wens

De laatste stap is je verzoek of wens. Nu vertel je de ander wat je zou willen, je doet als het ware een verzoeknummertje. Wat wil je met dit gesprek bereiken? Moet hij iets uitleggen, iets doen, wil je ergens over praten? Wil je vragen of hij ergens rekening mee kan houden of wil je hem gewoon laten begrijpen wat je voelt? In het geval van je zus zou je bijvoorbeeld kunnen zeggen dat je het fijn vindt om het hierover te hebben en dat je wilt weten hoe zij ernaar kijkt.

Uitglijders bij stap 6

Het probleem hiermee is dat verzoekjes vaak worden gebracht als eisen, waardoor de ander het idee heeft dat hij iets móet doen. Het verschil is: een verzoek kan worden afgewezen en een eis niet; die wordt je opgedrongen. En wie ben jij om verandering van een ander te eisen? Precies. Daarnaast leidt een eis altijd tot afstand. De ander doet dan wel iets voor jou, maar niet omdat hij er zelf voor kiest. Dat betekent dat hij er geen verantwoordelijkheid voor neemt en dat is vaak de eerste zegel in het boekje. Kortom: het leidt uiteindelijk tot sociaal gedoe.

Verzoek	**Eis**
Ik zou het fijn vinden om aan tafel te eten	We moeten aan tafel eten, want dat hoort zo
Ik zou graag meer samen willen doen	Je moet mee naar de verjaardag van mijn neefje
Ik wil graag meer tijd inplannen om te overleggen	We moeten vaker overleggen
Ik zou het fijn vinden als je meer zou vertellen over wat er bij je speelt	Je moet mij meer betrekken

Samengevat: als je een eerlijk gesprek wilt voeren kun je dit stappenplan gebruiken:

1. Je intentie
2. Concreet gedrag van de ander
3. Het effect op jou (gedachten, gevoel, gedrag)
4. Je behoefte
5. Herkent de ander dit?
6. Je verzoek

Deze zes stappen vormen het begin van je gesprek. Hierna begint het echte gesprek pas. Als de ander openstaat voor wat je zegt, ga je met elkaar van gedachten wisselen over hoe het anders kan. Als je op deze manier eerlijk bent, is de kans groot dat de ander met je in gesprek wil. Maar er zijn natuurlijk geen garanties. De reactie van de ander is lang niet altijd de reactie die je zou willen. Iemand kan overvallen worden, zich beledigd voelen of uit het lood geslagen zijn; dat gebeurt best vaak. Belangrijk is dat je door de onverwachte reactie van de ander niet meteen weer in de ongeluksroute stapt.

Ilse kan tegen Daan zeggen: Mag ik even met je praten? Ik wil de sfeer in huis graag weer goed krijgen (intentie). Je maakt veel opmerkingen tegen me over het feit dat ik zo slordig ben (concreet gedrag). Ik denk dan dat ik het nooit goed kan doen in jouw ogen. Ik voel me rot door die opmerkingen en heb dan al helemáál geen zin meer om iets in huis te doen (effect). Maar ik wil het graag gezellig hebben en de taken eerlijker verdelen (behoefte). Kun je je hier iets bij voorstellen (herkenning)? Ik zou hier graag een oplossing voor bedenken, omdat we het de laatste tijd allebei druk hebben en dit telkens opnieuw tot ergernissen leidt. (verzoek).

GA HET GESPREK LIEVER NIET AAN VIA WHATSAPP, MAIL OF BRIEF. JE BOODSCHAP KOMT ZONDER NON-VERBALE ONDERSTEUNING ALTIJD HARDER OVER EN JE KAN NIET ZIEN HOE DE ANDER REAGEERT. BIJ EEN ECHT GESPREK KUN JE DOOR DIE REACTIE JE WOORDEN NUANCEREN, STEVIGER AANZETTEN OF VOORBEELDEN GEVEN.

Het voelt in het begin vaak onwennig en gekunsteld om de stappen zo te volgen. Ik weet echter uit ervaring dat het heel goed werkt om een gesprek op die manier voor te bereiden, om de stappen voor jouw gesprek van tevoren op te schrijven. Het helpt je met name je gevoelens en behoeften duidelijk te krijgen. Vervolgens is het een kwestie van doen, doen, doen. Hoe vaker je oefent met deze stappen, hoe natuurlijker het wordt.

Opdracht om uitglijders te herkennen

Denk eens terug aan een gesprek dat je hebt geprobeerd te voeren, maar dat niet goed gelukt is. Schrijf op wat er gebeurde tijdens het gesprek.

Welke uitglijder herken je?

Wat had je anders kunnen doen?

Iets anders doen

Soms kan je de situatie veranderen door iets anders te doen dan je tot nu toe deed. Neem je seksleven. Er zijn

tijden dat je denkt: sjonge, we zijn nu al wel een tijdje erg braaf samen, we hebben alles van HBO en Videoland gezien, maar tussen de lakens is er al een tijdje weinig vuurwerk. Dit ingedutte seksleven accepteren is in de meeste gevallen geen handige strategie als je je relatie leuk wilt houden. Er moet iets gebeuren.
Bespreken? Dat kan... Maar samen aan de keukentafel, intussen een bakje cruesli etend terwijl hij de sportpagina van de ochtendkrant leest, de diverse opties doornemen om jullie amoureuze samenzijn op te spicen? Mwah. Dan is zelf actie ondernemen een effectievere weg. Je hebt alleen een klein beetje lef nodig. Welke lingerie zou hij nooit van je verwachten? De slaapkamer een keer inwisselen voor actie op het aanrecht (wel even cruesli-vrij maken). In plaats van actiefilms eens een erotisch filmpje opzetten. Dus wat kun je kopen, huren, regelen of doen?

Ander voorbeeld. Je baas ziet jouw kwaliteiten niet. Geen promotie, geen opslag, geen complimenten. Je kunt dit accepteren. Maar dan ook echt, zonder er ooit nog over te klagen. Je kunt dit ook bespreken bij de volgende beoordelingsronde aan het eind van het jaar, zoals alle andere medewerkers dit ook zullen doen. Maar je kunt ook onorthodoxe maatregelen nemen. Wanneer zou je baas voor het laatst een handgeschreven brief, in een keurige envelop, op zijn bureau hebben gehad? Met een vlammend (niet slachtofferig!) betoog waarom jij denkt dat hij/zij veel meer aan je heeft als hij je af en toe een compliment geeft, en — liever nog — je verantwoordelijk maakt voor dat ene project waarvoor hij niet aan jou dacht. Schrijf hem dat je de kans wilt krijgen om je te bewijzen en dat je hem niet zult teleurstellen. Wedden dat hij je binnen een dag uitnodigt op gesprek? En zo kan een stoere actie leiden tot een gesprek. En een opdracht.

Je kunt de situatie dus proberen te veranderen door zelf ander gedrag in te zetten. Allerbelangrijkst hierbij is je realiseren dat wat je nu doet niet werkt. Als je doet wat je deed, krijg je wat je kreeg. Nu neem je de regie. Omdat je in de hoe-kan-dit-cirkel hebt gezien dat gedrag van jou effect op de ander heeft. Je kunt in actie komen voor of nadat je het bespreekbaar hebt gemaakt. Je eigen gedrag veranderen geeft geen garantie dat het gedoe verdwijnt, maar je doorbreekt altijd iets. En je weet nooit waar dat toe leidt.

Hoe kom je tot nieuwe, creatieve acties?

Om tot andere, creatieve acties te komen is het handig om onderstaande twee stappen te volgen.

Voor welk creatief, ander gedrag kun jij kiezen in jouw gedoe-situatie?

1. Stel jezelf de volgende oplossingsgerichte vragen:

- Wat is het gekste wat ik zou kunnen doen?
- Wat zie ik anderen doen in een vergelijkbare situatie?
- Wat zou ik een vriend aanraden in deze situatie?
- Wat heb ik eerder weleens geprobeerd wat nu ook zou kunnen helpen?

Wie kun jij vragen mee te denken over een situatie waarin je vastzit?

2. Schakel hulptroepen in.

Vraag aan collega's, vrienden of je partner om eens mee te denken. Zij bekijken de situatie vaak met meer afstand en kunnen met creatievere acties komen. Er is bij deze brainstorm één belangrijke regel: je mag niet 'Ja, maar...' zeggen. Luister gewoon naar alle ideeën die de ander heeft. Daarna bekijk je of je er wat aan hebt, welke actie bij jou past en welke actie je in de praktijk kunt brengen.

UITGLIJDERS ALS JE IETS ANDERS GAAT DOEN

En nu jij weer

Je hebt een actie bedacht om de situatie te veranderen maar merkt dat er in praktijk niets door verandert. Dan kunnen je reflexen het overnemen. Je denkt: Nou moe, ik moet ook alles doen. Ik ga niet nog een keer mijn best doen, ik ben er klaar mee. Nu ben jij aan zet!

Instant resultaat willen

Een andere uitglijder is dat je instant resultaat wil zien. Of dat het resultaat opzienbarender moet zijn. Vaak moet je bepaald gedrag vaker inzetten of langer volhouden voor er resultaat is. Als je voor instant resultaat gaat is de kans groot dat je al opgeeft voor dat de ander de kans heeft gehad om te veranderen.

Laat maar

Soms weet je wat je 'zou moeten doen' maar doe je het toch niet. Het kan zijn dat je het te eng of spannend vindt om uit je comfortzone te stappen en dat die angst je ervan weerhoudt om de stappen te zetten. Of dat je gewoon geen zin hebt om moeite te doen.

Actie als vermijding van het eerlijke gesprek

Ik zie soms mensen creatieve actie na creatieve actie bedenken om de situatie te veranderen. Steeds weer proberen ze hun eigen gedrag te veranderen. Ze schakelen ook hulptroepen in: 'Wat zou jij doen en wat kan ik nog meer inzetten?' Dit is prima, zolang je het maar niet doet omdat je het eerlijke gesprek uit de weg gaat.

Geef niet op als de situatie niet meteen verandert.

Patronen zijn hardnekkig dus heb geduld.

Met angst en weerstand onder je arm gewoon stappen zetten.

Voer het eerlijke gesprek als je merkt dat acties niet werken

Geluksstap 2: de situatie accepteren

De tweede geluksstap is de situatie accepteren. Om de situatie en de ander te accepteren moet je oude verwachtingen, pijn en teleurstelling loslaten. Bijvoorbeeld omdat geluksstap 1 (ander gedrag kiezen of een eerlijk gesprek voeren) niets of niet voldoende opleverde. Bepaalde situaties moet je accepteren om op de geluksroute te blijven.

Stel dat Ilse het gesprek met Daan is aangegaan over zijn normen over hoe netjes het huis moet zijn en het feit dat hij altijd gezonde zelfgemaakte maaltijden op tafel wil. Het kan zijn dat Daan voet bij stuk houdt. Hij vindt het gewoon echt heel belangrijk. Er komt een punt dat Ilse inziet dat de situatie niet gaat veranderen. Dan kan ze kiezen om het te accepteren in plaats van zich op te vreten. Om hem te accepteren en niet de hele tijd te vinden dat hij minder pietluttig moet zijn. Andersom werkt het hetzelfde. Ook Daan kan hebben geprobeerd Ilse te willen overtuigen dat het beter is om zelf gezond te koken en dat een opgeruimd huis gezelliger is. Maar als dit niet werkt en er blijkt dat zij nu eenmaal anders is, zit er voor hem niets anders op dan haar te accepteren.

Bij accepteren is het belangrijk om het gedoe en de situatie echt los te laten. Dus de ellende werkelijk achter je te laten. Met alle pijn, verdriet of andere nare gevoelens die erbij horen. Je laat de oude koe in de sloot verdrinken en haalt haar daar niet meer uit.

Accepteren en loslaten is makkelijker gezegd dan gedaan. Want soms voel je je zo gekwetst dat loslaten te veel pijn doet. Of de ander gaat zo tegen je normen en waarden in dat loslaten echt heel lastig is. Alleen de zin 'Ik laat het los' tegen jezelf (of tegen anderen) zeggen betekent nog niet dat je een situatie ook daadwerkelijk loslaat of kan loslaten. Heel hard roepen dat iets jou 'niet meer boeit' betekent vaak het tegenovergestelde. Dat noem ik 'nep-loslaten'. Met nep-loslaten spaar je gewoon zegels en vráág je gewoon om oude koeien. En die duiken bij de volgende ergernis gewoon weer op. Loslaten is iets écht achter je laten. Dat je je realiseert: dit is nou eenmaal de situatie. Het is wat het is en ik vecht er niet tegen.

Stappenplan voor het accepteren van de situatie

Stap 1: De situatie is onveranderbaar

De eerste stap is erkennen dat je de situatie niet kunt veranderen. Je hebt van alles geprobeerd: gepraat en/of je gedrag veranderd, maar de situatie blijft zoals die is. De ander is zoals hij is. En blijft zoals die is. Of je hebt even geen energie om pogingen te doen het te bespreken of te veranderen. Dit kan tijdelijk zijn of voor altijd. Het kan ook zijn dat er iets is gebeurd wat niet meer terug te draaien valt. Erken dit voor jezelf.

Welke situatie waarin jij gedoe ervaart is echt onveranderbaar?

Stap 2: Actief kiezen om los te laten

Je kiest bewust om de situatie te accepteren. Zeg dit tegen jezelf, tegen anderen of tegen de persoon in kwestie. Het helpt om (hardop) te zeggen dat je het echt zult accepteren en dat je er niet meer over gaat zeuren. Je kunt het ook tegen anderen zeggen. Je kan anderen zelfs vragen om je erop te wijzen als je toch weer in de zeur- of moppermodus stapt.

Over welke situatie wil je minder zeuren omdat je hem gewoon zult accepteren?

Stap 3: Train je uitzoomvaardigheden

Als je dingen los wilt laten en accepteren, helpt het om alles in perspectief te plaatsen. Dat doe je door uit te zoomen en je af te vragen hoe belangrijk dat gedoe met die ander nou eigenlijk is. Doe alsof je vanuit de ruimte op de aarde neerkijkt en vraag je af waar die twee stipjes nou helemaal mee bezig zijn. Je kijkt naar alle mooie herinneringen aan de vriendschap in plaats van naar die ene kwetsende opmerking die ze heeft gemaakt toen ze te veel gedronken had. Of je ziet de liefde van je vriend in plaats van in te zoomen op die ene misstap. Of de lol die je hebt bij het bedrijf waar je werkt in plaats van je alleen te richten op de bonje die je hebt met je leidinggevende. Als je merkt dat je weer inzoomt, dus het accent legt op wat er mis is of denkt aan wat pijn heeft gedaan, zoom je weer uit. In het begin is dit lastig, maar het is een vaardigheid die je best snel aan kunt leren.

Bij welk gedoe is uitzoomen moeilijk voor je? Wat zie je als je toch afstand neemt?

Stap 4: Laat je niet leiden door een saboterende stem

Als je kiest om de situatie te accepteren en los te laten kan een stemmetje in je hoofd toch weer vertellen hoe stom de ander is. Net als de innerlijke criticus is dit een criticus die zich richt op hoe stom anderen zijn. Herken je dat: een stem die de herinnering aan een vervelend gesprek of moeilijke situatie weer springlevend maakt? Een stem die je terug dreigt te werpen in de ongeluksroute? Het helpt als je je bewust bent van de stem, deze erkent, maar er geen gehoor aan geeft. Concentreer je vervolgens weer op het hier en nu. Die stem is namelijk altijd bezig met het verleden, of hoe het zou moeten zijn. Hij richt zich niet op het nu, terwijl je juist besloten had de ander en de situatie te accepteren.

Welke saboterende stem ken jij? Wat zegt die stem tegen je?

ALS LOSLATEN LASTIG IS: SYMBOLISCH AFSCHEID NEMEN

Soms zijn zaken te groot om er makkelijk van los te komen. Wie weet heeft iemand je te erg belazerd. Of je bent bijvoorbeeld ontslagen, gedumpt, ergens niet voor uitgenodigd. Het kan goed zijn om hier iets langer bij stil te staan, bijvoorbeeld door in een afscheidsbrief of een filmpje je gevoelens te beschrijven. Je kunt daarna een ritueeltje doen om het achter je te laten: verbranden, op een bijzondere plek weggooien of ergens opslaan.

Is er een situatie die jij symbolisch zou willen loslaten?

Uitglijders bij het accepteren

Nep-loslaten omdat het te triviaal lijkt

Soms denk je dat een situatie te triviaal is om er een gesprek over te voeren of er echt aandacht aan te besteden. Maar het niet bespreken betekent niet automatisch dat je het loslaat. Als je triviale dingen makkelijk wegwuift is het belangrijk om jezelf uit te dagen. Dat doe je door je af te vragen of je iets echt, écht, ECHT hebt losgelaten. Weet je héél zeker dat er toch geen zegel geplakt is?

Suzan zorgt veel voor haar moeder met alzheimer; haar drie broers zijn minder betrokken. Ze zegt de hele tijd tegen zichzelf dat ze het graag doet en dat ze accepteert dat haar broers nou eenmaal zijn wie ze zijn – gewoon niet al te zorgzaam. Maar toch, als puntje bij paaltje komt en ze heel eerlijk zou zijn, is ze pissig dat alle zorg op haar neerkomt. Toen haar broer belde met de vraag of zij het cadeautje voor hun moeders verjaardag wil-

de kopen, werd ze zó boos op hem dat ze zich toen pas realiseerde dat ze al eerder haar grenzen had moeten aangeven.

Nep-loslaten omdat je voor de ander denkt

Soms laat je los omdat je de ander wilt ontzien, denkt dat de ander het gesprek of de confrontatie niet aankan, of niet in staat is te veranderen. Als je voor de ander denkt cijfer je jezelf weg. Maar de vraag is: doe je dat wel echt? Plak je geen zegeltje? Het gevaar van nep-loslaten dreigt.

Mijn collega Stella, die eindeloos naar de zeurverhalen van haar vriend heeft geluisterd, wil niet met hem bespreken dat ze vindt dat hij zeurt. Ze vindt het zielig voor hem, hij kan dat er niet óók nog bij hebben. Ze besluit haar ergernis los te laten. Maar wij, haar collega's, merkten niets van het loslaten. Ze moppert bijna dagelijks tegen ons over de verhalen van haar vriend.

Nep-loslaten omdat je niet moeilijk wilt doen

Niet moeilijk willen doen is ook vaak een oorzaak van nep-loslaten. Je wilt niet zeuren over iets kleins en er ook niet steeds op terugkomen. Hierdoor veeg je onder het mom van 'ik ben de moeilijkste niet' zaken onder het tapijt. Je ziet jezelf liever als makkelijk en flexibel. Soms gebeurt dit ook in reactie op de ander. Je partner zegt: 'Loop niet te zeiken' of oogrollend: 'Daar gaan we weer'. Het kan zijn dat je gaat nep-loslaten omdat je niet wilt dat je partner zich aan jou ergert.

Joep, die tijdens het etentje met zijn vriend Sjors wilde vertellen over zijn leuke tweede date met een vrouw die weleens The one *zou kunnen zijn, kwam daar niet aan toe omdat Sjors honderduit over zijn werk praatte. Onderweg naar huis baalde Joep enorm dat ze het alleen maar over werk hebben gehad. Hij vindt echter dat hij het Sjors niet kwalijk moet nemen, die is gewoon enthousiast over zijn werk. Dus Joep laat het los. Denkt hij. Want als Sjors op Joeps verjaardag niets laat horen, merkt Joep dat hij heel boos is en Sjors een egocentrisch figuur vindt. Door zijn bescheidenheid komt hij te weinig voor zichzelf op. Uiteindelijk wil Joep toch aandacht en spaart hij telkens zegels. En Sjors weet al die tijd van niets.*

Het zetten van geluksstappen is cruciaal. Maar het is niet altijd makkelijk. We hebben gezien dat er drie opties zijn om uit het gedoe te komen. De situatie proberen te veranderen door iets totaal anders te doen of door een eerlijk gesprek te voeren, de situatie te accepteren zoals ie is of weggaan. Wat ik vaak zie, is dat mensen uit alle macht een eerlijk gesprek vermijden. Een eerlijk gesprek voeren maakt kwetsbaar. Je geeft de ander een inkijkje in je hoofd en in je hart.

Je bent bang voor de reactie van de ander.

Toch is een eerlijk gesprek vaak de beste manier om uit gedoe te komen. Zeker als het gedoe een patroon is geworden.

9

Uitdagingen voor het regiebrein: makkelijker gezegd dan gedaan

Het zou goed kunnen dat je dit boek leest en denkt: da's makkelijker gezegd dan gedaan. Dat is waar. Het reflexbrein is regelmatig sterker dan het regiebrein, omdat reflexen het automatisch overnemen en je de ongeluksroute op sturen. Je reflexen zijn ingesleten. Daarnaast krijgt het regiebrein te maken met extra uitdagingen die ervoor zorgen dat het lastig is om reflexen te bedwingen en op de geluksroute te blijven.

- *Het relatielevel.* Het relatielevel wordt bepaald door de complexiteit en intensiteit van de relatie. Hoe hoger het level, hoe moeilijker het is je reflexen te bedwingen.
- *Verminderde veerkracht.* Als je minder veerkracht hebt, is het lastiger om de keus voor het regiebrein te maken.
- *Meer complexe, persoonlijke geschiedenis.* Bij mensen met een ingewikkelde geschiedenis zijn de reflexen vaak heftiger.
- *Een fixed mindset.* Het bedwingen van reflexen.

1. Relatielevels

Relaties hebben verschillende levels als het gaat om de complexiteit en intensiteit van gedoe: liefdesrelaties, vriendschappen, de relatie met buren, met familie. En de moeilijkheidsgraad van de oplossing hangt af van het level van de betreffende relatie.
Om het duidelijk uit te kunnen leggen heb ik sterren gegeven aan de relatiecomplexiteit, zoals bij denksportpuzzels. Het aantal sterren bepaalt hoe moeilijk het is om het gedoe op te lossen en hoe makkelijker het dus voor het reflexbrein is om het over te nemen. Er zijn een aantal factoren die samen het aantal sterren bepalen.
Allereerst is de geschiedenis van de relatie van belang: hoe langer je met elkaar omgaat, hoe groter de kans dat er ooit

zegels gespaard zijn. Denk maar eens aan alles wat je in de loop der jaren hebt moeten slikken van je broer of zus, en vergelijk dat met de omgang met relatief nieuwe collega's.

De tweede belangrijke factor is oud zeer: de hoeveelheid gedoe die er al is geweest. Gedoe in een groep jeugdvrienden is al snel ingewikkelder dan de omgang met je nieuwe buren.

De derde factor is afhankelijkheid: hoe afhankelijker je bent van de ander, hoe complexer het wordt. Sommige relaties heb je helemaal niet nodig en dan kun je gewoon de handdoek in de ring gooien en kappen met het contact. Een moeder van school die je slaapverwekkend of irritant vindt, daar loop je gewoon omheen. Maar de ex-echtgenoot met wie je kinderen hebt... hém omzeilen is nogal een ding.

Als vierde en laatste is gevoel een belangrijke factor: hoe meer je voelt voor de ander, hoe complexer het soms is om gedoe op te lossen en geluksstappen te zetten. Denk maar aan een flinke ruzie met je geliefde... knetteringewikkeld!

Iedere factor die ik heb genoemd, krijgt een ster. Hoe hoger het aantal sterren, hoe harder werken het is om op de geluksroute te blijven op het moment dat er gedoe ontstaat. Maar ook: hoe meer het de moeite waard is om je best te doen om het op te lossen! Want de hoeveelheid sterren staan ook voor historie samen, intensiteit en gedeelde herinneringen.

★☆☆☆

Kortstondige samenwerkingsrelaties

In kortdurende samenwerkingsrelaties zijn er regelmatig ergernissen. Bijvoorbeeld in het contact met een aannemer of een makelaar, het bruidspersoneel van je beste vriendin of een tijdelijk projectteam. De ergernissen zijn louter ergernissen van nu — er is geen oud zeer. Het enige wat in deze relaties speelt is (tijdelijke) afhankelijkheid. Omdat de andere factoren er niet zijn, is het hartstikke

zonde van je energie om gefrustreerd rond te lopen. Stoppen met vechten en een geluksstap zetten zijn hier heel belangrijk. Voer een eerlijk gesprek, doe iets creatiefs om de situatie te veranderen en laat los wat niet te veranderen is. Laat het echt los, zonder jezelf en je omgeving continu lastig te vallen met frustratieverhalen over je lakse aannemer, autoritaire projectleider of heks van een ceremoniemeester.

Vorig jaar heb ik mijn huis laten verbouwen. Ik had de aardigste aannemer van de wereld. Ik smulde van zijn passie voor klassieke muziek en we hadden een goede klik. Helaas bleek hij met de rest van de wereld net zo'n geweldige klik te hebben en dus zei hij tegen niemand nee. In de praktijk betekende dit dat de verbouwing van mijn inloopkast en badkamer zes maanden (!) duurde omdat hij tussendoor bij heel veel andere klanten Mozart moest luisteren en muurtjes moest metselen. Een halfjaar lang zaten we in de zooi. We konden maanden niet douchen en het hele huis stond vol met bouwmaterialen. Ik heb een eerlijk gesprek gevoerd met mijn lieve aannemer. Hij begreep mijn frustratie weliswaar, maar het haalde niets uit. De goede man zat namelijk aan alle kanten klem. Toen heb ik het losgelaten. Ik ben ook gestopt om tegen Jan en alleman leeg te lopen over mijn frustraties, omdat ik daar alleen maar chagrijniger van werd. Ik was natuurlijk wel heel opgelucht toen het ein-de-lijk klaar was.

Met wie heb of had jij een éénsterrelatie en best weleens gedoe?

★★☆☆

Relaties met een korte voorgeschiedenis

Hierbij kun je denken aan nieuwe buren, nieuwe collega's, verse vriendschappen en prille relaties. In zulke tweesterrenrelaties kun je je ergeren aan mensen of je afgewezen voelen. Hier spelen twee factoren:

afhankelijkheid en gevoel. Het voordeel van deze relaties is dat er nog geen sprake is van een ingewikkeld actie-reactiepatroon. Je bent vaak nog niet eerder teleurgesteld in de ander en ziet nog volop zijn leuke kanten. Je kunt ergernissen in deze relaties gewoon bespreken, om er vervolgens een oplossing voor te bedenken. En die oplossingen zijn vaak relatief eenvoudig. Meestal is loslaten in dit geval een prima optie, omdat het nu nog best makkelijk is om je eroverheen te zetten.

Mijn vriendin Elvira ging een weekendje naar Antwerpen met haar nieuwe liefde. Aldaar werd ze megaonzeker, omdat haar lief haar nauwelijks aanraakte als ze door de prachtige straten van de stad liepen. De twijfel sloeg toe. Zou hij zich schamen voor haar? Haar toch niet zo aantrekkelijk vinden? Wilde hij hier wel zijn met haar? Ze voelde zich eigenlijk een beetje afgewezen. Elvira schraapte haar moed bijeen en vertelde hem wat ze dacht. Hij schrok zich wezenloos. Huh? Hij was zich van geen kwaad bewust en vertelde dat hij gewoon niet zo gewend was hand in hand te lopen. Hij vond het fijn dat ze het uitsprak en nam zich voor haar vaker aan te raken op straat en vaker te laten zien hoe leuk hij haar vond. Hij was namelijk ook gewoon knetterverliefd.

Is er iemand die je nog niet zo lang kent (**) aan wie je je weleens ergert?

★★★☆

Langdurende relaties

Driesterrenrelaties zijn langdurige vriendschappen, relaties met je buren, schoonfamilie en met collega's met wie je langer samenwerkt. De factor geschiedenis speelt een rol, net als gevoel en afhankelijkheid. En juist die geschiedenis maakt dat je iemand beter leert kennen en dat je daarmee ook de minder leuke kanten van deze persoon zult zien, en patronen gaat herkennen. Het is onvermijdelijk dat je al wat zegeltjes hebt geplakt. Naast de keren dat je misschien het liefst stampvoetend weg wilde benen, heb je als het goed is samen ook veel leuke dingen meegemaakt en is er veel gevoel voor de ander ontstaan. De angst voor een conflict is hierdoor groter, omdat er nou eenmaal meer op het spel staat. Wat als de ander je minder leuk zal vinden? Er is meer actie-reactie en als er gedoe komt, wordt het steeds lastiger te ontrafelen waar dat begonnen is, want er spelen vaak ook nog andere zaken (oude koeien).

Welke driesterrenrelatie in jouw leven is best ingewikkeld?

Nog een driesterrencategorie: de ex met wie je kinderen hebt. Dit is een best ingewikkelde categorie. Er is namelijk een liefdesrelatie geweest en die is niet voor niets voorbij. Soms wilde een van de twee partners niet meer verder, soms was het een gezamenlijke beslissing om het bijltje erbij neer te gooien. Maar hoe dan ook is er dus geschiedenis, er is zeker veel gevoel geweest en misschien zijn sommige gevoelens er nog (positief of negatief). De afhankelijkheid is enorm. Je moet met deze ex nog wel 'samenwerken' voor de kinderen (afspraken maken, leuk doen, contact houden zonder dat de buren de politie bellen), ondanks het feit dat je mogelijk gekwetst of op z'n minst teleurgesteld bent. Oud en nieuw gevoel lopen hier door elkaar. Waarschijnlijk steken oude ergernissen de kop op, alleen kun je het dit keer niet goedmaken met dat warme, pluizige familiegevoel of met seks.

In driesterrenrelaties is het nóg belangrijker om de hoe-kan-dit-analyse in rust te doen. Na deze analyse kun je een geluksstap zetten. In een driesterrenrelatie kan het zo zijn dat je al vaker tevergeefs een geluksstap hebt willen zetten, al vaker zaken bespreekbaar hebt gemaakt, of eerder zonder succes hebt geprobeerd om iets los te laten. Hierdoor ben je misschien wat minder hoopvol over een goede afloop en verzand je dus sneller in de ongeluksroute. *Ik heb een goede vriendin die als ze stress heeft niets van zich laat horen. Het gaat al dertig jaar zo. Ik wéét het, het is de aard van het beestje, maar het raakt me toch elke keer als er weer een tijdje radiostilte is, vooral omdat ik haar dan mis. Ik denk dan ook meteen: bespreken lost niets op, want dat heb ik al een miljoen keer gedaan en dat haalde niks uit. Voor ik het weet zit ik me dan toch op te vreten en beland ik op de ongeluksroute. Laatst was het weer zover, maar dit keer dacht ik aan de geluksroute en stapte ik over mijn ego heen: ik zette een geluksstap. Ik ben spontaan naar haar toe gegaan met een flesje wijn en heb me opgedrongen. Hallo, ik laat me niet afschepen, zei ik. Ik heb uitgesproken wat ik voelde en zij kon haar verhaal vertellen. We hadden een ouderwets gezellige avond.*

★★★★

Langdurende liefdesrelaties en familie

Als er gedoe is binnen viersterrenrelaties is het analyseren en oplossen vaak ingewikkeld en vraagt het veel geluksroutevaardigheden omdat alle vier de factoren (afhankelijkheid, gevoel, geschiedenis en oud zeer) een rol spelen. In langdurige liefdesrelaties kan gedoe vreselijk complex zijn. Vaak is er sprake van (onderhuids) oud zeer, opgebouwde ergernissen en oordelen. Er is aan een ruzie dus veel te ontrafelen. Om het nog complexer te maken: in de liefde spelen ook nog intimiteit, binding, autonomie en kwetsbaarheid een rol. Er zijn meer angsten en behoeften rondom veiligheid en verbondenheid. In liefdesrelaties is de kans dat oud zeer voelbaar wordt groot. Stel: je had vroeger het gevoel dat je vader je nauwelijks zag staan. Dan is het heel aannemelijk dat je daardoor een soort 'blauwe plek' hebt opgelopen. Hierdoor reageer je extra gevoelig als je partner je een keer geen erkenning geeft.

In welke liefdes- of familierelatie loopt het niet zoals je zou willen? Neem eens een pauze en kijk ernaar: hoe-kan-dit? Welke geluksstap zou je kunnen zetten?

De complexiteit in familierelaties gaat vaak zelfs nog dieper, omdat er zoveel geschiedenis aan vastzit en daarmee vaak oud zeer. In families speelt het verleden ook nog een rol in het heden. Oud en nieuw gedrag en verwachtingen lopen als een verstrikte kluwen wol door elkaar. Denk maar eens aan de rolverdeling tussen broers en zussen: het gevoel dat je vader of moeder jou niet of minder zag, of hoe jij bijvoorbeeld altijd de regelneef, de clown, de zielenpiet of juist de stoere bent geweest in het gezin waarin je bent opgegroeid.

Mijn vriendin Marcia is de jongste van drie kinderen en haar ouders zijn van het overbezorgde soort. Zelfs nu ze 42 is, betuttelen haar vader en moeder, maar ook haar broers en zus, haar nog steeds. Als ze vertelt dat ze voor zichzelf gaat beginnen, bellen ze haar een voor een op met wijze raad en tips en leggen ze haar tot vervelens toe uit dat ze zich niet moet laten afschepen door potentiële klanten en zich niet de kaas van het brood moet laten eten. Tegen mij zegt ze dat ze zich vaak hartstikke stoer en zelfverzekerd voelt, tot ze haar broers, zus of ouders gesproken heeft, die haar behandelen als een onnozele kleuter.

Bij viersterrenrelaties is de actie-reactieanalyse van groot belang en tegelijkertijd vaak ook extreem complex, omdat oud zeer de herinneringen minder objectief maakt. Het is goed om hier een flinke pauze te nemen. En dan heb ik het echt over een héél flinke pauze. Daarnaast is het empathieschuifje (p.132) bij deze relaties essentieel. Probeer het uit alle macht naar links te zetten, om zo te voorkomen dat je in je oordelen blijft hangen en het gedoe niet meer relaxed kunt bespreken of kunt loslaten.

Geluksroute bij een viersterrenrelatie

Astrid werd vroeger zo gepest door haar zus Monique, dat elke opmerking of afwijzing in het heden tot voor kort extra pijn deed. Hierdoor vloog ze ogenblikkelijk in de gordijnen bij de kleinste lullige opmerking van Monique en werd ze altijd meteen laaiend; ze kon niet meer rustig reageren. Door dit te analyseren kon ze wat objectiever kijken en het heden iets meer onderscheiden van het verleden. Ze ging empathieoefeningen doen en stapte in de schoenen van haar zus. Hierdoor kon ze zich meer inleven in Monique, die vroeger altijd jaloers was op haar populariteit en ook nu nog stiekem vond dat ze een minder fijn leven had dan Astrid – geen partner, geen kinderen, terwijl Astrid daar wél haar geluk in had gevonden. Door er op deze manier naar te kijken voelde Astrid zich milder en was ze in staat om minder heftig te reageren op afwijzing. Ook ging Astrid meer leuke dingen doen met Monique en vertelde ze haar, op een rustig moment, wat ze had ontdekt in de hoe-kan-dit-analyse. Dit was eveneens verhelderend voor haar zus, want die kreeg op haar beurt meer begrip voor Astrid.

2. Veerkracht

Er is veel onderzoek gedaan naar mentale veerkracht, het vermogen om je aan te passen aan stress en tegenslag en daar misschien zelfs wel sterker uit te komen. Voorbeelden van indrukwekkende veerkracht zijn onder anderen de schrijvers Victor Frankl en Edith Eva Eger, beiden overlevenden van concentratiekampen. Sommige overlevenden hebben dankzij die veerkracht naar eigen zeggen toch een mooi bestaan kunnen opbouwen. Andere overlevenden ervoeren de rest van hun leven als zwaar en kampten met trauma en ongeluk. Onderzoek wijst uit dat 50 procent van de veerkracht in de mens aangeboren is. Veerkracht betekent dat je opstaat na tegenslag en niet reflexmatig reageert. Dit wil zeggen dat je het regiebrein aanzet. Daarom kan het voor veerkrachtige mensen soms makkelijker zijn om de geluksroute te kiezen dan voor minder veerkrachtige mensen.

Soms is het gewoon lekker om je even slachtoffer te voelen van de omstandigheden. Te denken dat jij er niets aan kunt doen, maar bijvoorbeeld je ouders de schuld te geven van je gebrek aan zelfvertrouwen. Of dat je met een vingertje wijst naar je zus, die er met haar gigantische aanwezigheid voor heeft gezorgd dat jij moeilijk ruimte inneemt, of je mislukte studie de schuld te geven van je matige carrière. Doordat je ontslagen bent, een moeilijke jeugd hebt gehad of dikke pech bij een sollicitatie, lukt het je niet om je doelen te halen. Maar hoe rot je leven ook loopt of gelopen is, onderzoek toont aan dat maar 10 procent van ongeluk wordt bepaald door omstandigheden. 50 procent van de veerkracht is aangeboren, 10 procent is te wijten aan omstandigheden en dus op maar liefst 40 procent heb je zelf invloed, bijvoorbeeld door het regiebrein te trainen. Is dat niet hoopgevend?

Voer gedurende één week elke dag drie van deze dingen uit. Dat lijkt makkelijk maar dat is het niet. Toch wil ik je vragen deze opdracht écht te doen. Je zult versteld staan van het effect.

Er zijn een aantal dingen die je kunt doen om jouw veerkracht te verhogen. Welke past het best bij jou?

- [ ] Een dankbaarheidsdagboek bijhouden: elke dag opschrijven waar je dankbaar voor bent
- [ ] Iets doen wat je écht leuk vindt
- [ ] Een lijstje maken van dingen waar je goed in bent en daar iets mee doen
- [ ] Complimenten geven aan anderen
- [ ] Leuke dingen doen met dierbaren
- [ ] Dingen doen die je als zinvol ervaart

3. Persoonlijke geschiedenis

Bij het trainen van het regiebrein is ook je persoonlijke geschiedenis van belang. Sommige mensen hebben een belast verleden. Bij een belaste persoonlijke geschiedenis kun je denken aan trauma's, onveiligheid, te veel te ingrijpende veranderingen en bijvoorbeeld lichamelijke en psychische mishandeling. Al deze herinneringen zitten opgeslagen in het reflexbrein. Door deze vaak traumatische herinneringen zal het reflexbrein situaties sneller als gevaarlijk zien, omdat die lijken op situaties die al eerder voorbij zijn gekomen. Stel dat je altijd onmiddellijk werd afgestraft als je je mening gaf en al snel als brutaal werd gezien. Je zult dan eerder geneigd zijn om je mening in te slikken en niet voor jouw behoeften op te komen. Als je een belaste persoonlijke geschiedenis hebt, is veranderen dus nog moeilijker, omdat je brein dat sneller als gevaarlijk bestempelt.

Wat kun je doen als je merkt dat jouw persoonlijke geschiedenis ervoor zorgt dat het regiebrein lastiger te trainen is?

- Hou eens bij wanneer je merkt dat het reflexbrein het overneemt en zoek daar een rode draad in.
- Als je die gevonden hebt, kijk dan of er een gebeurtenis in het verleden is geweest waarbij je je ook zo gevoeld hebt, of een situatie waarin je je ook zo hebt gedragen.

Het kan zijn dat dit inzicht lucht geeft, waardoor je denkt: oké, dat was toen en nu is nu. Soms lukt dat niet en kan een coach of een therapeut je misschien verder helpen.

Wat is jouw geschiedenis?

....

....

....

....

....

4. Fixed mindset en *growth* mindset

Hoogleraar in de psychologie Carol Dweck heeft veel geschreven over de fixed en growth mindset. Het werk van Dweck toont aan dat deze verschillende mindsets een grote invloed hebben op het vermogen van mensen om te leren. Mensen die meer een fixed mindset hebben, geloven dat wat ze kunnen vaststaat. Ze denken dus dat ze zich niet verder kunnen ontwikkelen. Dit zijn mensen die zeggen: ja, hoor eens, zo ben ik nou eenmaal. Ik ben niet zo goed in netwerken. Ik kan nou eenmaal niet afvallen. Ik ben nou eenmaal niet sportief. Voor deze mensen is het trainen van het regiebrein en de geluksroutevaardigheden lastiger.

Andere mensen hebben meer een zogenaamde growth mindset. Zij zijn ervan overtuigd dat je je capaciteiten verder kunt ontplooien en dus (tot een bepaalde hoogte) wel degelijk grip hebt op je eigen ontwikkeling. Je kunt ergens immers altijd ietsje beter in worden dan je nu bent. In het onderwijs wordt deze growth mindset ook veel gebruikt om kinderen te leren: je kunt het nóg niet. Dat is iets heel anders dan zeggen: je kunt het niet. Dweck toonde aan dat mensen die gebruikmaken van de growth mindset vaak meer bereiken in minder tijd dan mensen met een fixed mindset, ongeacht de aangeboren kwaliteiten of talenten. Mensen die ergens goed in zijn, zijn daar goed in omdat ze dat vermogen hebben opgebouwd en mensen die dat niet zijn, zijn er niet goed in omdat ze het werk er (nog) niet voor hebben gedaan. Iemand met een growth mindset zal sneller denken: als ik het nog niet kan, dan kan ik het leren. Kom maar op!

Herken je meer een fixed of een growth mindset bij jezelf? Zeg jij weleens dat je iets niet kunt?

Gelukkig is de growth mindset zelf ook aan te leren. Alleen al door te beseffen dat er zoiets bestaat als de growth

mindset, verandert je kijk op leren. Als je die fixed mindset bij jezelf herkent, kun je vandaag al een aantal dingen doen. Je kunt jezelf trainen richting een growth mindset. Je leert jezelf daarmee een andere kijk op succes aan.
Wat kun je doen?

- Geef jezelf complimenten wanneer je ziet dat het niet lukt, want ook bewustwording is groei.
- Geef jezelf complimenten voor de inspanning, onafhankelijk van het resultaat.

Zo leidt een mislukte stap niet automatisch weer naar de ongeluksroute. Doordat je meer nadruk legt op ontwikkeling dan op de resultaten, zal het zetten van geluksstappen je beter afgaan.

Hou eens drie dagen lang een complimentendagboek bij: schrijf elke dag drie complimenten aan jezelf op.

'Hij moet gewoon eens leren positief te denken.'
'Ze moet gewoon van die man af.'
'Ze moet die buurman gewoon even de waarheid zeggen.'
'Hij moet eens stoppen met lelijk doen over zijn ex.'
Natuurlijk.

Nee. Het is helemaal niet natuurlijk.

Zij is niet jij. Hij is niet jij. Haar persoonlijke geschiedenis, het relatielevel, zijn veerkracht, haar mindset zijn anders dan die van jou. En ja, ook haar ex en haar buurman zijn anders dan jouw buurman en jouw ex. Wees mild over de reflexen van een ander. Dat geldt ook voor jezelf, als je vindt dat je niet snel genoeg verandert of een keer terugvalt. Mildheid is het allerbeste hulpmiddel om weer op de geluksroute te komen. Wees mild. voor anderen en voor jezelf.

10

In 5 stappen naar de bestemming: jouw eigen geluksroute

Het zou goed kunnen dat je dit boek aan het lezen bent en dat je in theorie helemaal begrijpt wat je te doen staat om de geluksroute te volgen, maar dat je toch regelmatig de ongeluksroute in kukelt. Misschien hoor je jezelf zeggen: 'No problem, ik had het eigenlijk toch heel druk', als je vader jullie etentje afzegt en dat jou kwetst. Of je slaat toch weer aan het roddelen over je kletskous van een collega in plaats van rechtstreeks tegen haar te zeggen dat je je nu even wilt concentreren. Of je ontploft omdat je toch weer zegeltjes hebt zitten plakken als die ene hockeymoeder voor de zoveelste keer haar snor drukt als er gereden moet worden.
Dat is allemaal heel begrijpelijk. Want veranderen is moeilijk. Het ís nogal wat om iets wat je al jaren op een bepaalde manier doet, het ingesleten paadje in je hersenen, zomaar te veranderen — vooral als je bedenkt dat 95 procent van ons gedrag automatisch gaat. Je moet het pad van de geluksroute dus keer op keer bewandelen voordat er een nieuw ingesleten paadje ontstaat. Om er een gewoonte van te maken moet je de geluksroute dus bewust trainen, net als dat je eindeloos moet trainen om spierballen te kweken, of een sixpack.

Het trainen lukt als je telkens bepaalt wat jóuw geluksroute is. Je hebt nu veel informatie gekregen, maar hoe bepaal je welke geluksstappen jíj wilt zetten? In dit hoofdstuk help ik je daarmee.

Trainen van jouw geluksroute

Aan het einde van dit hoofdstuk vind je een navigatiewerkblad om je persoonlijke geluksroute te maken. Je kunt het uit dit boek kopiëren maar je kunt het ook downloaden op www.degeluksroute.nl. Ik raad je aan dit werkblad een aantal keer in te vullen, net zolang tot je jouw ongeluksroute en geluksroute kunt uittekenen. Je zult waarschijnlijk bepaalde patronen in je manier van reageren herkennen. Zo'n inzicht helpt je er een gewoonte van te maken om op de geluksroute te blijven.

Oké, daar gaan we! We zetten de navigatie aan: in vijf stappen op weg naar jouw geluksroute.

Stap 1: Jouw bestemming bepalen

Je bent in gedoe beland, of er is iemand met wie je regelmatig gedoe ervaart. De eerste stap is om te achterhalen welk doel je wilt bereiken met deze persoon. Wat is jouw bestemming? Als je die voor ogen hebt zal het makkelijker zijn om erheen te navigeren. Op het moment dat er stoom uit je oren komt, zul je het doel namelijk snel uit het oog verliezen. De navigatie ernaartoe helpt je op de geluksroute te blijven en te voorkomen dat je reflexen het overnemen.
Bepalen wat je bestemming is kan trouwens op twee momenten: tijdens gedoe of juist op een gedoe-loos moment.

Jouw bestemming zoeken op een gedoe-loos moment

Sta op een moment dat er even geen gedoe is eens stil bij diegenen met wie je soms sociaal gedoe hebt. Stel jezelf vervolgens de vraag: wat is nou echt belangrijk voor mij in deze relatie, in mijn contact met de ander? En waaróm is dit zo belangrijk? Je kunt ook met iemand sparren als je er niet goed uit komt. Vervolgens schrijf je de bestemming op.

VOORBEELD

Persoon	Bestemming (wat ik wil in deze relatie)
Ex-man	Respectvol co-ouderschap
Vriend	Liefde en respect
Kinderen	Speelsheid en liefde
Vriendin	Vriendschap en mildheid
Collega	Goede samenwerking

Alleen als je jouw bestemming echt goed kent, werkt die als een navigatiepunt. Wat ook kan helpen is een woord, plaatje, mantra of slogan kiezen die bij je bestemming past. Je zou ook een symbool kunnen bedenken dat je bij je kunt dragen (een poppetje of sieraad), of iets in je huis kunnen neerzetten om jezelf dagelijks te herinneren aan wat belangrijk voor je is. Ik heb bijvoorbeeld een ketting met een hartje dat ik altijd draag, om me er elke dag aan te herinneren dat ik lief zijn heel belangrijk vind, dat is in veel van mijn relaties mijn bestemming, mijn doel. Vaak als ik boos begin te worden, of merk dat ik afstand neem, denk ik aan die ketting en aan het feit dat ik niet bozig wil zijn maar lief.

Jouw bestemming zoeken tijdens gedoe

Op het moment dat je in sociaal gedoe zit en je reflexen dreigen het stuur over te nemen, is het belangrijk om eerst een stapje terug te nemen: sta weer even stil bij je bestemming. Vraag jezelf: wat vind ik nou eigenlijk echt belangrijk in deze relatie? Wat zou ik, als ik over een jaar terugkijk, belangrijk vinden? Wat wil ik op de lange termijn met deze persoon bereiken, als dit gedoe achter ons ligt? Vaak maakt deze vraag je milder en liever. Want op de lange termijn wil je geen ruzie met je collega, ex of partner, en geen verwijdering of frustratie. Op de lange termijn wil je toch bijna altijd een goede samenwerking en in het geval van dierbaren: liefde.

Jouw bestemming bepalen

Denk eens terug aan degene die je voor ogen had om de oefening mee te doen en stel jezelf deze vragen:

- Wat is het allerbelangrijkste voor mij in deze relatie?
- Waarom is het belangrijk voor me?
- Wat is op de lange termijn belangrijk voor me in dit contact?

Vul deze bestemming in op het werkblad bij **stap 1**.

Let erop dat je de bestemming positief formuleert: het gaat over wat je wél wilt en niet wat je níet wilt. Je hersenen verwerken negatief geformuleerde doelen niet goed. Stel dat je aanvankelijk uitkomt op ‘geen irritatie’, bedenk dan welk efféct het op je heeft als je geen irritatie hebt. Bijvoorbeeld dat je je licht of zonnig voelt. Zo kom je bij een positieve bestemming uit. Je kunt ook in plaats van een woord een tekening maken of een symbool gebruiken. Als het maar iets positiefs is en werkt voor jou.

Stap 2:
Herken jouw gevaren op de weg

Als iemand niet voldoet aan je verwachtingen, neemt je reflexbrein het over. Maar... er is hoop. Je kunt namelijk heel goed worden in het herkennen van jouw reflexbrein. Je reflexbrein heeft bepaalde gedragskenmerken. Misschien herken jij jouw reflexbrein aan je boosheid of cynisme of krijg jij de neiging om meteen weg te duiken als er gedoe is. Ga je altijd je zus bellen om te roddelen, of chocola eten en een zielige film kijken? Het zou ook kunnen dat jij iemand bent die in zijn hoofd de meest snode wraakplannen smeedt. Of ben je juist iemand die dichtslaat en niets meer doet? Of afstand neemt en denkt: laat maar. Ken jij jouw reflexbreinreacties?

Als je jouw reflexreacties nog niet zo goed herkent, kun je de volgende oefeningen doen.

IN HOOFDSTUK 1 STAAN DEZE DRIE REACTIES UITGEBREID BESCHREVEN.

Jouw geschiedenis onder de loep nemen

Kijk eens terug naar eerdere ruzies of conflicten met deze persoon en bedenk wat je reactie is als de ander iets doet wat jij niet verwacht. Herken je je in de fight-, flight- of juist in de freezereflex? Ga je de strijd aan, verstar je of maak je dat je wegkomt?

Maak er een gezellig avondje (hapje, drankje) met je hulptroepen van, het is namelijk heus niet alleen lastig, maar ook juist leuk om jezelf beter te leren kennen.

Hulplijnen inschakelen

Vraag eens aan mensen die jou goed kennen wat zij jou zien doen op het moment dat je gedoe hebt. Zorg wel dat je openstaat voor hun feedback, ook als het niet leuk is om te horen. Ga niet de discussie aan, maar stel vragen: wanneer deed ik dat dan? Wat viel je op? Zie je mij dat vaker doen? Anderen zien scherper wat je doet als je in je reflexbrein zit dan jijzelf, dus hun feedback is heel waardevol.

Neem de komende tijd jouw gedoe onder de loep
Hou de komende tijd eens nauwgezet bij wat je denkt, voelt en doet als je gedoe hebt, en kijk of je hier een rode draad in kunt herkennen. Hoe sneller je je gedrag herkent, hoe makkelijker het is om in te grijpen en naar het regiebrein te gaan. Is je reactie een incident of een patroon?

Jouw gevaren op de weg

Denk weer terug aan de persoon met wie je gedoe hebt. Welke reactie van jezelf herken je? Fight, flight of freeze, of een combinatie hiervan? En wat betekent dit op de lange termijn voor jullie relatie? Vul alles in op je werkblad bij **stap 2.**

Stap 3:
Jouw pitstop: stoppen met vechten

Het is tijd om te stoppen met vechten en de werkelijkheid te erkennen. Dit doe je door op te houden met denken dat de situatie anders zou moeten zijn. Een verhaal herhalen en oeverloos blijven benadrukken dat het belachelijk, stom of niet attent was, helpt je niet, want daar word je alleen maar gefrustreerd van. Stoppen met vechten is de eerste stap richting een relatie zonder frustratie.

Jouw persoonlijke pitstop

Ga in gedachten weer terug naar het gedoe dat je hebt. Bedenk eens wat voor werkelijkheid je te accepteren hebt. Wat is de werkelijkheid die je weliswaar niet leuk vindt, maar waar je niet meer tegen gaat strijden omdat het nou eenmaal je realiteit is? Vul dat in op je werkblad bij **stap 3**.

Stap 4:
Jouw uitkijkpunt: hoe-kan-dit?

Het is tijd om te kijken wat er gebeurd is: welke actie had welke reactie tot gevolg? Om daarachter te komen neem je een pauze, waarmee je ruimte maakt om de gebeurtenissen te analyseren.

Hoe-kan-dit?

Het is goed om te onderzoeken wanneer het gedoe precies begonnen is. Is het echt van dit moment, of zijn er ergens in het verleden al zegels gespaard door jou of de ander? Is een van jullie al een aantal keer over de grenzen van de ander gegaan en is dit dan de druppel? Dat was natuurlijk het geval bij Jan en Joop. Het ging helemaal niet om die ene opmerking over die hamer, maar om alle keren dat Joop zich gecorrigeerd en gekleineerd voelde. Als je gedoe hebt, kijk dan op het uitkijkpunt: Hoe-kan-dit en probeer zo ver mogelijk terug te kijken. Je kunt dit ook samen doen, als je denkt dat dat lukt zonder elkaar de hersenen in te slaan. Je kunt die ander dan vragen: Waar denk je dat het begonnen is? Welk gedrag van mij heeft bij jou dit gedrag veroorzaakt? Probeer te luisteren naar wat de ander zegt, zonder alles te gaan weerleggen. Lastig, dat weet ik, maar erg de moeite waard.

Jouw persoonlijke pitstop

Je gaat weer terug naar jouw gedoe. Vul de hoe-kan-dit-cirkel in. Waar is het mogelijk begonnen en welk gedrag zou een reactie kunnen zijn op welke actie?

Vul de samenvatting van deze analyse in bij **stap 4.**

Stap 5.
Jouw geluksstappen

Nadat je de momenten waarop je vanuit je reflexbrein reageert hebt herkend, is het belangrijk om iets te dóen: geluksstappen zetten naar je bestemming. Want als je doet wat je altijd al deed, krijg je wat je altijd kreeg. En dan verandert er dus niets. Trainen loont, net als in de sportschool. Hoe vaker je een spannende of moeilijke geluksstap zet, hoe makkelijker het wordt en hoe sneller het een gewoonte wordt.

Zoals je weet zijn er twee opties: veranderen of accepteren.

Geluksstap 1

Kan ik de situatie veranderen?

JA

1. Ga het eerlijke gesprek voeren
2. Ga iets anders doen

NEE

3. Accepteer het

Geluksstap 2

Je hebt gekozen: beschrijf dan hóe je het gaat doen.
Als je bijvoorbeeld kiest voor accepteren beschrijf dan de stappen die je daarvoor gaat zetten.
Bijvoorbeeld: Ik koop bloemen en laat zijn boze woorden los, omdat ik weet dat hij chagrijnig was en al sorry heeft gezegd. Ik blijf uitzoomen en zijn bui in perspectief zien, ook als de saboterende stem langskomt, die tegen mij zegt: wat een lul, ik luister ik er niet naar.

DE STAPPEN: HET VOEREN VAN EEN EERLIJK GESPREK UIT HOOFDSTUK 8.

Als je kiest voor het eerlijke gesprek is het belangrijk dit superconcreet te maken door te bedenken wanneer je het gaat doen en wat je gaat zeggen. Als het lastig is kun je de boodschap ook eerst uitschrijven.

Als je kiest voor iets anders doen maak je dit ook concreet. Hoe ga je het doen en wanneer ga je het doen.

Geluksstap 3

Zijn er mogelijke obstakels? Zo ja, hoe kun je die het hoofd bieden? Ook hier geldt: hoe concreter, hoe beter.

Geluksstap 4

Betrek je omgeving bij je voornemen. Je kan het vertellen aan een goede vriend, je partner of een collega. Hoe meer de omgeving betrokken is, hoe groter de kans is dat je het ook daadwerkelijk gaat doen.

Geluksstap 5

Welke geluksstap ga je zetten?

Vul de volgende antwoorden in op het werkblad bij **stap 5.**

1. ☐ Veranderen door gesprek
   ☐ Veranderen door doen
   ☐ Accepteren

2. Hoe?

3. Welke mogelijke obstakels?

4. Wat ga je daaraan doen?

5. Wie vertel ik over mijn geluksstap?

Jaaaa, je hebt het boek helemaal uit!

Super, je hebt doorgelezen tot het einde. Want je hebt tijdens het lezen vast weleens gedacht: laat maar, ik ga het mooi niet doen, ik heb geen zin in een eerlijk gesprek, om iets anders te doen of om te accepteren. Ik hoop in elk geval dat je hebt gelachen van herkenning, je soms betrapt hebt gevoeld, de oefeningen hebt gedaan (of een poging tot) en leuke gesprekken hebt gevoerd met de mensen om je heen. Maar wat ik het allermeest hoop is dat het je lukt om vaker de geluksroute te kiezen. Om even stil te staan en bewust een stap te zetten naar relaxtere, leukere relaties, met minder gedoe en frustraties.

Want hoe meer mensen de geluksroute kiezen, hoe leuker het wordt, voor ons allemaal.

JOUW GELUKS ROUTE

Stap 1

Jouw bestemming bepalen

Wat is belangrijk voor mij in het contact?

Stap 2

Gevaren op de weg

Fight, flight, freeze. Hoe ziet mijn reactie eruit?

Stap 3

Pitstop: stoppen met vechten

De zin die ik tegen mezelf ga zeggen:

Stap 5
Geluksstappen zetten

1. ☐ *Veranderen door gesprek*
   ☐ *Veranderen door doen*
   ☐ *Accepteren*

2. Hoe?

3. Welke mogelijke obstakels?

4. Wat ga ik daaraan doen?

5. Wie vertel ik over mijn geluksstap?

Stap 4
Uitkijkpunt: hoe-kan-dit?

Actie van mij: → *Reactie van ander?*

Actie van de ander: → *Reactie van mij?*

Woord van dank

Zoals ik in de inleiding schreef was ik eraan gewend om alles alleen op te knappen. Hulp vragen kwam niet in me op. Gelukkig heb ik in de loop der jaren geleerd om niet alles alleen doen. Bij het schrijven van dit boek heb ik veel hulp gehad. Zonder anderen was dit boek er niet geweest.

Allereerst bedank ik Nadia, mijn compagnon en supergoede vriendin. Voor je meelezen, meeschrijven, je altruisme, geloof en liefheid. Jij hebt Sander van Maven Publishing gevonden en jij wist meteen: dit is de uitgeverij voor ons!
Raymond, mijn liefde, jou bedank ik voor je enthousiasme, je input, je correcties, je scherpe en eerlijke feedback, je eindeloze stroom aan ideeën en alle gesprekken over de geluksroute. Mieke, ik bedank jou (wederom) voor je feedback op de eerste versie en het idee er een stappenplan van te maken. Suus, ik bedank je voor je spitsvondige pen, de tekst is dankzij jou zo heerlijk smeuïg geworden. En lieve Marielle: bedankt voor het meelezen en de peptalk.

Ik ben echt van uitgeverij Maven Publishing gaan houden! Sander, doordat je meteen in dit boek geloofde en vol creatieve ideeën zit, was het onmiddellijk duidelijk dat we de perfecte match zijn. Emma, jij bent mijn meest toegewijde lezer, dankzij jouw ongelooflijk scherpe, slimme feedback en vondsten heb jij dit boek naar een hoger niveau getild. Mariska en (mijn vriendin en redacteur) Annemiek, bedankt voor jullie haarscherpe correcties. Annemiek Dilven van Studio TokTok voor de vormgeving en Elise Vandeplancke voor de illustraties. En natuurlijk Lydia voor de briljante marketing.

Ik wil al mijn vrienden en vriendinnen, mijn exen, ouders, bonusouders, familie, reisgenoten, cursisten, coaches en collega's bedanken voor wie jullie zijn en voor alle heerlijke voorbeelden die jullie me gaven. Misschien herken je jezelf wel in een van de anekdotes, ik hoop dat je erom kunt lachen ;-).

En natuurlijk spelen mijn kinderen Eise en Mare een belangrijke rol in mijn leven en daarom ook in dit boek. Jullie zorgen ervoor dat ik blijf leren. Ik hou van jullie.

Literatuurlijst

- Bakker, A. & J. Halmans (2014) *Coachen met lef. Waar transactionele analyse en voice dialogue elkaar versterken.* Boom Nelissen.
- Bannink, F. (2009) *Oplossingsgerichte vragen. Handboek oplossingsgerichte gespreksvoering.* Pearson.
- Bannink, F. (2009) *Positieve psychologie in de praktijk.* Hogrefe.
- Berg, K.I. & P. Szabo (2013) *Oplossingsgericht coachen.* Thema.
- Brown, B. (2013) *De kracht van kwetsbaarheid. Heb de moed om niet perfect te willen zijn.* Lev..
- Brown, B. (2013) *De moed van imperfectie. Laat gaan wie je denkt te moeten zijn.* Lev..
- Brugman, K., J. Budde & B. Collewijn (2010) *Ik (k)en mijn ikken. Ontdek andere kanten van jezelf.* Thema.
- Dweck, C. (2017) *Mindset. Verander je manier van denken om je doelen te behalen.* SWP.
- Harris, R. (2010) *Acceptatie en commitmenttherapie in de praktijk. Een heldere en toegankelijke introductie op ACT.* Hogrefe.
- Hay, J. (2004) *We lossen het samen wel op. Transactionele analyse op de werkvloer.* SWP.
- Jansen, G. (2014) *Time to ACT! Het basisboek voor professionals.* Thema.
- Jong, A. de & M. Rumph (2019) *De bekendste methodieken voor no-nonsense coachen. Zes praktische aanpakken voor effectieve coaching.* Boom.
- Jong, A. de (2016) *No-nonsense coaching. Zelfverzekerd en effectief coachen.* Boom Nelissen.
- Kahneman, D. (2011) *Ons feilbare denken. Thinking, fast and slow.* Business Contact.
- Koopmans, L. (2012) *Dit ben ik! Worden wie je bent met transactionele analyse.* Thema.
- Korrelboom, K. & Broeke, E. ten (2016) *Geïntegreerde cognitieve gedragstherapie. Handboek voor theorie en praktijk.* Coutinho.
- Kouwenhoven, M. (2007) *Het handboek strategisch coachen.* Boom Nelissen.

- Leest, C. van der (2018) *Ons feilbare denken op het werk. Betere beslissingen en minder denkfouten.* Business Contact.
- Schurink, F. (2014) *Gedoemanagement. Gedoe is pas gedoe als jij er gedoe van maakt.* Haystack.
- Tiggelaar, B. (2018) *Dromen Durven Doen. Het managen van de lastigste persoon op aarde: jezelf.* Spectrum.
- Vonk, R. (2019) *Je bent wat je doet. Van zelfkennis naar gedragsverandering.* Maven Publishing.

NOTITIES